大展好書　好書大展
品嘗好書　冠群可期

大展好書　　好書大展

品嘗好書　　冠群可期

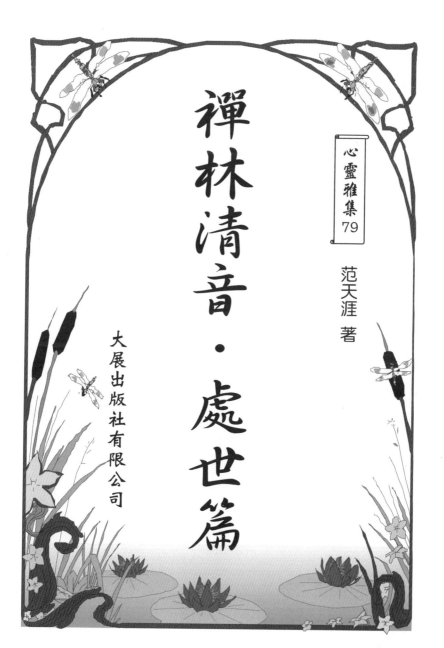

禪林清音・處世篇

心靈雅集
79

范天涯 著

大展出版社有限公司

前　言

　　禪離我們很近，禪是一種生活的智慧，禪是一劑解決痛苦煩惱，步向快樂成功的良藥，禪讓我們思悟人生真諦，到達新的境界。

　　生活需要我們不斷地去學會做人，人生的目標與做人相互結合，才有了美好的希望。處人與立世其實並不簡單，因為美與醜共存，假與真併在，這時做人是很無奈的，人的自私一面都會展露無遺。

　　我們這一生的境過，全是虛幻不實的，覺悟的人生活隨緣就自在了；不覺悟的人造作強為，以自己的心意為所欲為，就是造業。

　　虛幻的世間無常，人命苦短，安分度日，無論苦樂順遂均屬三世因果。覺悟之人心中清楚，在日常生活中，心地清淨，智慧圓滿。

　　人的一生，有順境也有逆境，逆境未必不好，而順境未必好。善於運用環境的人，順逆境均能有所成就。

　　世間人一生中能夠覺悟，甚為難得。覺悟愈早愈好，功力才能踏實。《無量壽經》說：三輩九品往生均要發菩提心，四十八願中的第十八願是一向專念，第十九願是發菩提心，這二願非常重要，菩提心是真正覺悟之心。覺悟世間的無常，生死事大，人生真苦，極樂真實不虛，依佛教誨，老實念佛決定得生。

　　一般人總見到他人的過失，假如能倒過來只觀察自己，以批評別人的心批評自己，就是修行。

　　過去的事不要再想，未來的尚未到，何必庸人自擾。平時要作工夫，培養自己的真實智慧，智慧靠養，不是學來的；智慧是由定來的，不是外來的，要養。心清靜到一定的程度才產生智慧，因定生慧。

　　生活悠悠自在是真幸福，絕不在乎有多少財富與產業。少慾知足是道，慾是五慾六塵，生活不缺，受用夠了就行。

　　《禪林清音・處世篇》不是讓每個人去參禪、修禪，而是以禪的智慧故事為基礎，開闊你的心胸、思維，詮釋貼近人們生活的處世哲理，令自己的心靈世界在歷涉一切真理後頓悟，變得清靜、充滿生命力。

目　錄

前　言 ……………………………………………… 3

第一篇　禪與愛情 ……………………………… 9

1. 荷葉有什麼不同 ……………………………… 9

2. 樹和葉子的三世情緣 ……………………… 14

3. 床頭的女人相片 …………………………… 20

4. 老和尚救女子 ……………………………… 22

5. 肩頭上的蜻蜓 ……………………………… 26

6. 公主救王子 ………………………………… 31

7. 背著房子的公蟹 …………………………… 35

8. 農民養鵝 …………………………………… 38

9. 勤於誦經的信徒 …………………………… 43

10. 美女出家 …………………………………… 47

11. 占卜的年輕人 ……………………………… 51

12. 還在尋找 …………………………………… 56

13. 冷暖自知 …………………………………… 59

14. 翻牆的小和尚 ……………………………… 62

15. 阿難取水 …………………………………… 65

16. 佛桌上開花 ………………………………… 69

17. 賣肉的胡三 ………………………………… 73

18. 愛說實話的人 ⋯⋯⋯⋯⋯⋯⋯⋯⋯⋯ 77

19. 給菩薩寫信 ⋯⋯⋯⋯⋯⋯⋯⋯⋯⋯ 81

20. 不平衡國的故事 ⋯⋯⋯⋯⋯⋯⋯⋯ 87

第二篇　禪與工作 ⋯⋯⋯⋯⋯⋯⋯⋯ 93

1. 事 事 煩 惱 ⋯⋯⋯⋯⋯⋯⋯⋯⋯⋯ 93

2. 地獄的生活 ⋯⋯⋯⋯⋯⋯⋯⋯⋯⋯ 97

3. 摔跤手大波 ⋯⋯⋯⋯⋯⋯⋯⋯⋯ 101

4. 小徒弟練棍 ⋯⋯⋯⋯⋯⋯⋯⋯⋯ 104

5. 兩個瞎和尚 ⋯⋯⋯⋯⋯⋯⋯⋯⋯ 108

6. 不立文字的禪 ⋯⋯⋯⋯⋯⋯⋯⋯ 111

7. 敲鐘的小沙彌 ⋯⋯⋯⋯⋯⋯⋯⋯ 114

8. 三 個 金 人 ⋯⋯⋯⋯⋯⋯⋯⋯⋯ 117

9. 國王與鹿王 ⋯⋯⋯⋯⋯⋯⋯⋯⋯ 120

10. 著急的劍手 ⋯⋯⋯⋯⋯⋯⋯⋯⋯ 125

11. 玄 奘 收 徒 ⋯⋯⋯⋯⋯⋯⋯⋯⋯ 127

12. 富樓那說教 ⋯⋯⋯⋯⋯⋯⋯⋯⋯ 132

13. 婢 女 與 羊 ⋯⋯⋯⋯⋯⋯⋯⋯⋯ 135

14. 夜 遊 歸 來 ⋯⋯⋯⋯⋯⋯⋯⋯⋯ 138

15. 請求門和鞋子的寬恕 ⋯⋯⋯⋯ 141

16. 獵 人 贈 肉 ⋯⋯⋯⋯⋯⋯⋯⋯⋯ 143

17. 打就是不打 ⋯⋯⋯⋯⋯⋯⋯⋯⋯ 147

18. 我也可以為你忙 ⋯⋯⋯⋯⋯⋯ 150

19. 光芒沒有任何損失 ⋯⋯⋯⋯⋯ 153

20. 失去雙腿的師父 ⋯⋯⋯⋯⋯⋯ 157

21. 「直言不諱」的小和尚 ⋯⋯⋯ 160

22. 沙彌買雞 ……………………………… 164

23. 愛面子的禪師 …………………………… 167

24. 一匹馬所帶來的煩惱 …………………… 171

25. 天帝的拜訪 ……………………………… 174

26. 背著大包袱的青年 ……………………… 178

27. 雲在青天水在瓶 ………………………… 180

28. 「可憐」的雪峰禪師 …………………… 184

29. 小的比老的更有用 ……………………… 187

30. 快樂的真諦 ……………………………… 191

31. 開悟的「懶融」 ………………………… 194

32. 通往天堂的許可證 ……………………… 197

33. 悠閑的心 ………………………………… 200

第三篇　禪與生活 ……………………………… 205

1. 侍者買紙 ………………………………… 205

2. 每次捎回一把野菊 ……………………… 208

3. 靈佑踢瓶 ………………………………… 210

4. 小沙彌問道 ……………………………… 214

5. 不識字的慧能 …………………………… 217

6. 石頭和美玉 ……………………………… 220

7. 圓真禪師和梨 …………………………… 222

8. 禪師像什麼 ……………………………… 225

9. 裝鬼的年輕人 …………………………… 228

10. 兩個挑水的和尚 ………………………… 231

11. 化緣太多 ………………………………… 233

12. 超度亡狗 ………………………………… 236

13. 佛陀的加持物 …………………………… 238

14. 不懂裝懂的遊方僧 ……………………… 241

15. 蓬勃生長的榆樹 ………………………… 244

16. 「漁王」的兒子 ………………………… 246

17. 高僧與青年 ……………………………… 249

18. 鵝 卵 石 ………………………………… 254

19. 剃　度 …………………………………… 258

20. 夜 夜 做 夢 ……………………………… 261

21. 小和尚買油 ……………………………… 264

22. 月 船 賣 畫 ……………………………… 267

23. 被 埋 的 驢 ……………………………… 270

24. 固執的狐狸王 …………………………… 273

26. 死前的通知 ……………………………… 276

27. 沙 彌 開 悟 ……………………………… 280

28. 被加害的幼弟 …………………………… 283

29. 下一任住持 ……………………………… 286

30. 寺廟裡的小偷 …………………………… 290

31. 像菩薩的女鬼 …………………………… 293

32. 尚 德 禪 師 ……………………………… 296

33. 生活到底是什麼 ………………………… 300

第一篇　禪與愛情

1. 荷葉有什麼不同

佛陀在世的時候，普度過各種各樣身處痛苦中的人，受到了許多人的追崇與愛戴。

一日，佛陀正在教誨弟子如何修道。突然，一個年輕女子痛哭著走來，當即給佛陀跪下。

佛陀大驚，連忙將女子扶起，並讓弟子上茶。佛陀待到女子不再哭，才問她：「女施主，遇到了什麼傷心事？」

那女子說：「傷心倒不至於，只是擺脫不掉。」

「什麼擺脫不掉？」佛陀又問。

「每逢看到身邊的女子，與浪漫的愛人牽手而過，心中便羨慕得不得了。我也有自己的愛人，但總覺得他有著這樣那樣的缺點，而且從不陪我一起浪漫，遠不如人家的丈夫，心中很是不平。有時，很想去搶來人家的丈夫，又恐失敗遭人笑話，為何上天如此冷落我？」女子說著又痛哭起來。

佛陀心中已明白女子的傷心處。於是，帶他來到一片荷花前，問那女子：「池中那枝荷花是快樂還是不快樂？」

女子回答：「荷花很美，又有荷葉相伴，當然快樂。」

佛陀說：「不然，荷花周邊雖有許多荷葉，卻沒有一個是讓它喜歡的。它喜歡的卻是另一枝荷花附近的那片荷葉。女施主仔細看看，那片荷葉和這片有什麼不同？」

女子湊上前去看了半天，發現它們除了形狀有所不同外，沒有什麼不同。

佛陀說：「如果我把那片荷葉移到這枝荷花附近，如何？」

女子回答：「不好，這片荷花和荷葉同呼吸、共命運已半生，彼此已熟悉，突然和那片荷葉在一起，恐怕會不習慣吧？」

佛陀大悅，稱讚女子聰慧。女子大悟，欣然離去。

‥‥道破禪機‥‥

在平淡中體驗真情

同樣是荷葉，形狀再不一樣也是荷葉。只不過，生活中常有人羨慕別人，總覺得別人的愛人好，自己的愛人遠遠不如人家，倒不是真的有那麼大差距，而是你只看到了別人的優點，看不到缺點。

其實，如若你能端正愛情的天平，把所有的優缺點放在一起秤一秤，你會驚喜地發現自己的愛人還重些，那是因為你的愛人和你還比別人多出一份真情來。

《愛人》中述說了這樣一個故事：

半年前，她就有了離開的心。她再不能忍受男人的平庸，在他俗不可耐的小市民的日子裡，她害怕自己再也找

不到心跳。他是個好人，只是她還年輕，她不能因為他是個好人就委屈了自己的一生。

她喜歡的另一個男人在南方的城市裡，那裡四季如春。她不想當面打擊自己的男人，於是只說向公司請了一個月的假，出去走一遭。

他提出和她一同出去散散心，她一口拒絕了。

她坐在沙發上賭氣似的，默不做聲。男人瞧出她的鬱悶，不敢招惹她，手卻沒閒著，一直往她的行李箱裡塞著東西。結婚幾年，他們從沒有出去過。他們小心翼翼地賺錢，一分錢掰成兩半花，只為買下一處房子。

「我真的不放心你一個人出去。」男人一邊收拾一邊說。

「你真的不需要我陪你去嗎？」他問了一遍又一遍，這讓她很心煩，才三十歲，他就那樣囉嗦。

有時她也奇怪，當年怎麼偏偏選了他。是因為他的樸實和細心嗎？可是直到嫁了他，她才知道，原來男人的錢袋也很重要，沒錢的時候，那些樸實和細心也都瑣瑣碎碎了，像是賣不了一文錢的垃圾。

「感冒藥沒了，我下樓去拐角的西藥房給你買點兒。」他說了一句就下去了。

「不用！」她衝著他的背影嚷了一聲，他回頭笑一笑，還是下去了，留她一個人對著塞得滿滿當當的皮箱生氣。其實他收拾的所有東西，全都沒用。在那個城市裡，另一個男人已經給她預備下了一切生活必需品。

男人不在屋子裡的時候，她的心同這房子一樣，安逸澄淨。趁著他不在，她好好打量了一下這套房子。

　　他們總共搬過三次家，這一房子住進來的時候，還是前年的秋天。那時銀杏正燦爛如童話，他的興奮亦感染了她：「這是最後一次搬家了，下一次我一定讓你搬進咱們自己的房子。」

　　他說的沒錯，他們買的房年底就可以入住了。只是，她似乎再沒有信心等下去。

　　男人不知道，當年落選的另一個男人打過電話來，她和那人談得很是暢快。幾年過去，她發現那人在事業成功的同時，也加了些柔情的味道。她從電話裡能敏感地覺察出來，他依然沒有成家，言談之中似乎還隱隱暗示與她有關。她不知道這算不算讚美，但是，一顆心像喝了酒似的有些醉意。

　　她這個家裡的所有東西，都是他們兩人買的，就連廚房裡的一捆蔥，都是他們從早市上講價買下的，便宜了兩毛錢。這讓他很高興，可是一旁的她卻心酸得像個沒有長熟的橘子。這種日子再過一分鐘，都是對她的折磨。人家都誇她嫁了個體貼的男人，只有她知道，愛是雙刃劍，她自己無福消受。

　　本來已經調好了鬧鐘，結果第二天一早，他還是早早就起床了，給她煮了一碗雞蛋掛麵，蔥花的香飄滿了房間。他看著她一口一口吃，讓她慢點，時間還來得及。

　　她拗不過他，由他送到機場，她奇怪他竟然像個女人似的流淚，這搞得她的心跟著沉甸甸的。好在到了飛機上，想到未來，她的心輕鬆得像白雲在飛。

　　那個男人來接機，把她安置到他帶有草坪的敞亮的房子裡。她的房間裡最醒目的是鞋架，上面擺了七八雙漂亮

別緻的鞋子，那個男人的心思讓她心動。她像個初戀的女孩子，精心打扮了一番，挑了一雙新鞋子穿上，然後，她隨著男人出去逛街。

她像個興奮的孩子，由著性子玩了一天，只是一天下來，她有些累。尤其是她那一雙腳，略略有些平足，穿的又是新鞋，當她的心幸福地陶醉時，她那一雙腳卻在受罪。晚上她扯下襪子，竟發現兩腳已經被磨得起了血泡。

第三天的時候，她實在吃不消，打算讓腳休息一天，趁機，她收拾了一下自己帶來的行李，該扔的扔掉。短短兩天，她的人連同那雙腳都有化不開的漂泊感，但是她那顆心已經決定留下來。

她沒想到會在行李裡發現一雙自己的平底舊鞋，她不知道什麼時候男人擱進來的。她怔了一下，不由得將腳探了進去。後來她回憶說，腳接觸了舊鞋子，那種感覺就像突然回到了一個舒適的家。兩天以來的那種漂泊感一下子就沒了。

第二天，她提著她的箱子回了北方的家。

「裝進來的都是新東西，只有這一雙舊鞋，出門在外用得著。又剛開始新的生活，先穿著舊鞋子，也好過渡一下。」

那一張小紙條，就擱在男人買來的感冒藥的盒子裡。看到紙條的時候，她正在飛機上，鄰座患感冒，她想起男人買的藥，結果就看見了他的留言。那一刻，她突然像個幾歲的孩子似的，不管不顧地哭了出來。

平淡的愛情就如同那穿舊了的鞋，雖然到最後可能沒有了華麗的外表，可是它的舒適卻是沒有任何他物可以

比擬的。端正自己愛情的天平，不要以為下一個選擇會更好，睜開自己的眼睛，好好看看現在的婚姻，它也有它的好處啊！別嫌自己的愛情太平淡了，真情有時候就藏在平淡的生活裡啊！

·˙·禪林清音·˙·

日出霧露餘，青松如膏沐。淡然離言說，悟悅心自足。

2. 樹和葉子的三世情緣

那是一個春天，這棵樹已經被人認為是根枯木，乾枯的樹枝沒有一絲生機，甚至就連它自己都認為自己是根枯木，沒有一片葉子願意在它的肩頭停留。看著別的樹木每年都是綠葉滿枝頭，它的幾乎死了的心在滴著淚。

偏偏在這年的春天，它無意中發現自己的肩頭有一個嫩嫩的像葉子一樣的東西正努力地向外伸展，它不敢相信，但還是努力地吸收養分幫助這片葉子。由大樹的幫助，葉子很快便伸展成型了，在大樹的肩頭搖曳著自己的身體。那線條，那顏色，真的美極了。大樹動心地看著，什麼都沒說。

它們相處得很快樂，樹決心要為葉子吸收最好的養分，讓它在自己的肩頭，在自己的世界裡快樂開心的生活，而樹自己也因此變得年輕苗壯。葉子覺得自己很幸福，它知道自己擁有的是大樹怎樣的愛。它為大樹時而唱歌，時而起舞。日子過得很快，轉眼到了秋天，葉子退去

了綠色，泛出金黃的邊，全身透露出了一種成熟與高貴。這時，葉子是愛著樹的，深愛著……

轉眼到了冬天，寒風是刺骨的，葉子已經搖搖欲墜了，它緊緊地抓著樹，樹也緊緊地抓著葉子，它們相望，它們相守，它們一起回憶這美麗的一生，它們約定要相愛三生。它們落淚了，最終它們還是分開了。

葉子落了，不是樹不挽留，而是風的催促。

漫長的冬季。樹在這個冬季並不感覺孤單，因為它有愛，它擁有思念，擁有期待，它是幸福的，它等待著，也期盼著。

春天終於來了，一切重新有了生機，樹和葉子約定要在這個季節再續前緣的，樹等待著。葉子如期而至，還是那樣美麗，可是重生的葉子像是忘了它們的愛情，忘了它們的約定一樣，用詫異的目光看著這棵幾乎蒼老又有些乾枯的樹，望著那因等待、思念一冬而憔悴的臉。

葉子心裡泛出一種無奈的笑。在這個季節裡，樹林的樹都長滿了綠葉，那些粗壯的樹加上綠葉的襯托，顯得異常美麗。其實，葉子並不知道，樹是因為思念它才變得如此憔悴，並不知道每天樹為它吸收多少最好的養分才能讓它如此的美麗。春季都是多風的，風在所有葉子中間很受歡迎，每次來的時候它們都嘩嘩地鼓掌，迎風飄舞。

每次風來的時候，葉子也是最開心的，它舞動著自己的身體，還唱著歌。這舞這歌樹也看過，那是上一世，葉子為它跳的唱的。而現在葉子是跳給風看的。是的，葉子愛上了風，瘋狂而癡迷地愛著。

沒有風的日子，葉子很沉悶，總是低著頭，沒精打采

的。它甚至有些討厭樹，連看都不看一眼。樹知道葉子一定是過奈何橋的時候喝下了那碗湯，但樹相信葉子是愛它的，它相信總有一天葉子會記起一切。樹在等待著，同時也為葉子付出著……

時間在葉子對風的迷戀中過得很快，秋天再一次來了。葉子對樹是充滿感激的，是樹給它最好的養分，也給了它最舒適的肩頭。但只有感激，它仍癡迷著風。終於有一天，葉子對風說，你帶我走吧，去哪都行，跟你在一起我是快樂的。它並沒有看見樹哀傷的眼神，樹心裡很難受，很不捨，但樹深愛著葉子，想讓葉子更快樂、更幸福。於是它放開了手。那一瞬間，葉子真的跟風走了。這個時候葉子是綠的，看著葉子遠去的背影，樹的心再一次流淚了，但這淚是幸福的，樹堅信葉子會快樂。

沒有了樹的呵護，葉子很快就枯黃了，身體也疲憊了，它開始有點想樹。而風到處留情，有很多比自己年輕漂亮的葉子不知疲憊地跟著風，在風心裡不光只有葉子，它有更多的伴侶。葉子傷心了，也憔悴了。最終風丟下了葉子……

葉子又來到了奈何橋，孟婆認出了葉子，問它：樹對你好嗎？它那麼愛你，你一定非常幸福，你們還剩下一世的情緣，葉子不解。

孟婆向葉子講述了它跟樹的前世故事……

葉子哭了，哭得很傷心，它想見樹，想對樹說句對不起，可是那要等上一冬。

孟婆這次沒有再讓葉子喝下那碗湯。

樹又在苦苦的思念中熬著漫長的一冬，它已經幾近枯

亡了，但仍然思念著葉子，它想這會兒葉子跟著風該到哪兒了？快樂吧？冬季的風好冷，樹閉上了眼睛……

春天又一次來了，葉子迫不及待的第一個趴到樹的肩頭，可是樹沒有反應。葉子不停地呼喚，眼淚流到了樹的心裡，樹微微地張開眼睛看了看葉子，眼淚滴在了葉子的臉上。這滴淚有多少愛與心酸，有多少期待與焦急，因為今生，它再也不能為葉子提供最好的養分和最舒適的肩頭了，它告訴葉子快去選擇新生，可葉子緊緊地抱著樹，樹沉睡了，永遠地沉睡了。

葉子也落了，這回葉子落在了樹的腳下，永遠陪著樹，讓樹不再孤單……

葉子落了，不是樹不挽留，也不是葉子絕情，而是緣分盡了……

⋯道破禪機⋯

一切隨緣而定

葉子和樹的三世情緣被孟婆的那碗湯給切斷了。這本身並沒有誰對誰錯，而是它們的宿命。

愛從來都不是完美的，姻緣有時就是一種宿命，它會在你不知不覺中朝著命定的方向前進，等到哪天你醒悟了，緣分也許就已經盡了。

如果說在緣分的聚散中，能做點什麼的話，那只有一切隨緣而定，在該拿起時拿起，該珍惜時珍惜，該放下時放下。如果你與緣分背道而馳，那麼，帶給你的只有後悔和痛苦。

　　有一個年輕人，奉父母之命娶了一個鄉間女子，雖然相貌平平，卻質樸善良。年輕人很珍惜與她一起生活的日子，盡到了為人夫的責任。

　　不料，五年後，妻子生病死去。他忍住悲傷，將她厚葬於自家小院裡。葬完妻子，他離開了生活了二十多年的家鄉。

　　年輕人經過長途跋涉，歷盡千辛萬苦，終於來到了一座大城市。

　　為了混一口飯吃，他到一家米店幫老闆賣米。一年下來，由於他勤勞能幹，深得老闆喜愛，並將愛女許配給他。他起初受寵若驚，而後又知福惜福，兩口子過得有滋有味。

　　不料第三年，全國鬧災荒，糧食奇缺，他們家的米店被土匪洗劫一空，岳父被殺，漂亮的老婆被搶，他被打得不能走路。

　　在如此沉重的打擊之下，他坦然地接受了宿命，待養好傷後又把米店開了起來。

　　十年後，他的米店生意恢復得比原來還紅火，此時天下也已太平。他見妻子一直沒跑回來，便覺得沒希望了，於是在眾人的慫恿下又娶了一房妻子。

　　新妻子不僅人漂亮，做起生意來也精明幹練，一時間打理得整個米店比他經營時還好。只不過老夫少妻，他滿足不了妻子某些方面的需求，漸漸地，他發現她和米店裡一個小夥子好上了。但他什麼也沒說，而且還專門去了一次外地，大約走了一年時間。

　　一年後，他再回到米店，發現米店改姓了，正是那小

夥子的姓。整個鎮上的人都知道他的妻子給他戴了很大很大的綠帽子。但他微微一笑，從米店走了出來，在米店對面又開了一家米店。

雖然鎮上的人都在背地裡笑他，但是非常樂意買他的米，因為更乾淨、價錢也更便宜。一年下來，原來的米店垮了，他的新米店火暴起來。

一天，一個中年婦女來到這家米店，說是找米店老闆。他迎出來一看，正是自己當年被搶跑的妻子。他高興得什麼話也沒說，拉著妻子就要往家走。

可是沒想到，那個妻子說：「我是回來看看你，順便把兒子給你送回來。我回不來了，因為給土匪也生了個兒子。」

這時候，一個伶俐的小男孩走過來，叫了他一聲「爹」！他激動地痛哭起來。

那個妻子轉身走了，他沒有挽留。從此，他開始培養教育兒子，再也沒有娶妻。

這個年輕人的一生可謂坎坷，但他始終報以隨緣的心態，再大的挫折也沒有讓他絕望。即便是沒有等到完美的愛情，但他還是等到了一個兒子，收穫了無悔。

愛情有時就是這麼淒慘，它的變數很大，但只要一切隨緣而定，又有什麼可傷悲的呢？

·禪林清音·

在流動的緣波中蕩舟，於起伏間與幸福同行。

3. 床頭的女人相片

在安積良齋的床頭，無論何時都掛著兩位女人的畫像，還隨時在相片下供獻珍奇果品，這裡面有一段有趣的姻緣。安積年輕時，娶了一位妻子，但由於安積幼年出過天花，面貌變得非常醜陋，疤痕滿臉，像個怪物，那女人嫌他面目醜惡，忍受不了，終於和他離婚了。

後來他又娶了一位女人，那女人也忍受不了他的醜陋，離他而去。

安積對鏡長歎，痛苦萬分。但有一天，他突然明白了，一個人的價值在於他的心靈。身體的缺陷無法改變，但心靈是可以鍛鍊的。

於是他奮發努力，琢磨心志。後來拜在當時大學者佐藤一齋門下，以堅忍的毅力刻苦用功，終於成為當時第一流大學者。

他把這一切歸功於那些因嫌惡她而離他遠去的女人。他想：「如果當初她們不嫌棄我，就不可能促使我奮發，我不能忘記她們的大恩。」

於是他把兩位女人的畫像掛在床頭，以表報答之意。

·道破禪機·

感激傷害你的人

愛情上，被人傷害或拋棄無疑是痛苦的，但能夠化悲痛為力量的人，往往能取得大成就。安積就是這樣一位學

者，他把一切成就歸功於那兩個離他遠去的女人，時時不忘感恩。的確是這樣，傷害你的人雖然令你痛苦，但也磨鍊了你的心志，使你頓悟。

維克多是著名的有機化學家，他於1921年獲得了諾貝爾化學獎。當然，這一切與他自身的努力分不開，而一位女性對他的「激勵」更是功不可沒。

維克多·格林尼亞出生於法國瑟堡市一個很有名望的造船廠業主家庭，他深得父母喜愛，想要什麼就給什麼，從來也不批評和管教他。如人們所料，父母的溺愛使他養成了嬌生慣養、遊手好閒的壞習慣。

等他長大後，父母已經管不了他了，別人也不敢管。父母的寵愛為社會造就了一個二流子。整個瑟堡市都知道維克多是一個大名鼎鼎的紈絝子弟，而他自己還自命不凡，以為在這個城市裡，誰都怕他這位了不起的「英雄」呢。

他整日不務正業、四處尋歡作樂。在一次盛大的宴會上，他見到了一位美麗端莊、氣質非凡的女孩，就上前邀請她一起跳舞。沒想到這位女孩並不理睬，還流露出不屑一顧的神態。維克多長這麼大還沒碰過這麼實實在在的釘子，氣得火冒三丈。但很快他又擺出一幅不依不饒的嘴臉，繼續糾纏她。這時女孩冷笑一下，用手指著維克多說：「請你站得離我遠點，我最討厭你這種不學無術的花花公子了！」

維克多第一次碰上有人對他如此冷漠，雖然怒不可遏，但是並沒有失去理智，反而開始反省自己，最終決定改頭換面，重新做人！

他對自己的過去產生了悔恨和羞愧，決定走出家門繼續求學。在給家人的信中他寫道：「我要刻苦努力地學習，相信我將來一定會創造一些成績出來。」維克多的這種改變就如同一個昏睡不醒的人，被人猛擊後突然醒來。後來，他果然成功了——發明了格氏試劑，這對當時有機化學的發展產生了重要影響，並獲得了諾貝爾獎。

後來，他還專門寫信向那個女孩表達了感激之情。

這世上有許多取得大成功的人，年輕時都曾遭遇過愛情的挫敗，但他們後來都很感激當初傷害他們的人。所以，當你被人傷害或拋棄的時候，不僅要反思一下自己，化悲痛為力量，知恥而後勇，更重要的是要學會感激傷害你的人，沒有人家當初的刺激，哪有你後來奮進的動力？

··禪林清音··

感激傷害你的人，因為他磨鍊了你的心志。

4. 老和尚救女子

月色朦朧的深夜，在一個靠海的山洞裡，一位老和尚正在盤膝打坐。他突然聽到了幾聲哭泣，聲音好像來自於山腳下的海邊，而且哭泣的人是一個年輕的女子。這麼深的夜了，情況肯定非同尋常！於是，老和尚從蒲團上站起，急忙向海邊奔去。

果然，月色當空，海邊高高的岩石上，靜佇著一個白色的身影。就在老和尚即將抓住輕生女子的衣袖之際，那女子縱身一躍，跳進海中。幸好老和尚知一些水性，幾經

掙扎，幾度沉浮，才將她救上了岸。然而，被老僧救活之後，年輕女子不但不感激，反而一臉的憂傷，埋怨老和尚多管閒事。

老和尚問她：「年紀輕輕為何要選擇輕生之路？」年輕女人喃喃說道：「這裡是我的美夢開始的地方，所以也應該在這裡終結……」

原來，三年前，就在風光旖旎的普陀山，波浪層疊起伏的海濱，一切都如夢似幻。她與一個前來旅遊的年輕人不期而遇……兩年前，他們愛情的結晶——一個像夏日的陽光一樣燦爛的兒子出世了！然而，一年前，那個渴望和她共度人生夕陽的愛人，卻因一次公差不幸殉職。

她日夜不停地哭泣，真好像天塌下來一樣難以承受。但這還不是最後的苦難，讓她痛心不已的是，他們活潑可愛的寶貝兒子，也因疾而亡……

「我一個女人，沒了丈夫，沒了兒子，再也沒有了幸福，活在世上還有什麼意思？所以……」年輕女人泣不成聲，悲痛欲絕。然而，老和尚不但沒有開導她、安慰她，反而放聲大笑：「哈哈……」

女人被他莫名其妙地笑愣了，停止了哭泣。

老和尚笑夠了，問女人：「三年前，就在此地，你有丈夫嗎？」女人搖搖頭。「三年前，踏上普陀山時，你有兒子嗎？」女人再次搖頭。「那麼，你現在不是與三年前一模一樣了嗎？那時，你獨自一人來到島上，是來自殺的嗎？」女人愣住了。

老和尚說：「三年前，你既無丈夫，又沒兒子，一人來到這裡。現在，你與三年前一模一樣，仍是獨自一人。

今天，就像三年前那一天的延續，只不過是還原了一個你自己。所以，為什麼不能重新開始？你增長了人生閱歷，或許有更美好、更圓滿幸福的生活在等著你。」

女人囁嚅道：「我還可以嗎？」

「當然可以！」老和尚斬釘截鐵地說。

「我還可以獲得幸福！我還……」女人像是發現了新大陸似的，一路狂奔地下了山。

｜道破禪機｜

走出來，去迎接新的幸福

痛失摯愛是人生的巨大痛苦之一，然而許多命運無法預知，我們所能做的就是不要讓過去的事情影響現在的心情與生活。一個原本幸福的女人，猛然間失去丈夫和孩子，那種痛確實不堪忍受。但她在老和尚的開導之下，想到了新的生活和幸福，開懷地忘掉過去。這是一種生命的積極態度，也是對自己幸福的負責。

可惜生活中有許多人還是想不開，有時僅僅因愛而受傷就很難釋懷，對待新的幸福時也總是猶猶豫豫。

下面這個故事中的女孩起初也是如此，但她最終學會了放下過去，才走向了新的幸福。

她以前受過傷害，大家都知道那個男孩子，當初與她也愛得生生死死，但到談婚論嫁時，男孩子卻突然負她而去，給她不小的打擊。

所以儘管她與後來的男友關係非同一般，卻不敢輕言「結婚」兩字。

　　男友也一直默默地關愛著她，絕口不提那兩個字。

　　這次，男友到福州進貨，到了那裡才發現貨物價格上漲不少，帶去的錢不夠。

　　男友打電話回來叫她取些錢電匯過去，他的存摺就留在她這裡，但他卻沒有告訴她存摺的密碼。也許是忘了，也許是他以為她本來就知道，因為他好多次取錢都是與她一起去的，她應該知道密碼。

　　其實那密碼也無非是他們的生日組合：他是1969年5月6日生的，她的生日是1972年2月8日。

　　與她一起去的朋友在銀行門口等她，她在櫃檯前填了單子，銀行小姐叫她輸密碼時她才想起自己忘了問男友，但事已至此，她隱約記得密碼是與生日有關，便輸了6956。

　　那是男友的出生日期，電腦提示她輸錯了；她又輸了6972，又錯了。

　　銀行小姐看了她一眼，她不自在起來，想了一下又輸入5628，結果還是錯了，銀行小姐用懷疑的眼光盯著她，她不敢再猜號碼了。在門口等她的朋友走了過來，問了幾句之後，輸了2856，結果密碼對了。

　　在銀行門口，她問朋友怎麼知道的，朋友認真地對她說：「他如此地愛你，做什麼事肯定都會先想到你，然後才是自己，設密碼也會如此，首先想到你的生日……」

　　她匯了錢之後又給他打了個電話，在電話末了她輕輕對他說：「回來之後，我們結婚吧……」

　　雖然曾經受傷，但她最終還是在生活的細節中深深地感受到了被愛的幸福，最終重新鼓起勇氣，走進了婚姻的

殿堂。

在愛情的道路上，不管你曾經摔過多大的跟斗，受過多大的傷，那些事都已經成為過去了，你再刻骨銘心它也只是記憶罷了，而你所能做的，就是將記憶塵封，從裡面走出來，去迎接新的幸福。畢竟，愛情從不拒絕勇敢的人。

・・禪林清音・・

一個人若生活在過去，就如同活在蠟燭的底下，只有黑暗。

5. 肩頭上的蜻蜓

在一個寧靜而美麗的小城，有一對非常恩愛的戀人，他們每天都去海邊看日出，晚上去海邊送夕陽，每個見過他們的人都向他們投來羨慕的目光。

可是有一天，在一場車禍中，女孩不幸受了重傷，她靜靜地躺在醫院的病床上，幾天幾夜都沒有醒過來。白天，男孩就守在床前不停地呼喚毫無知覺的戀人；晚上，他就跑到小城唯一的寺院裡向佛祖禱告，他已經哭乾了眼淚。

一個月過去了，女孩仍然昏睡著，而男孩早已憔悴不堪了，但他仍苦苦地支撐著。終於有一天，佛祖被這個癡情的男孩感動了，於是他決定給這個執著的男孩一個例外。佛祖問他：「你願意用自己的生命作為交換嗎？」

男孩毫不猶豫地回答：「我願意！」

　　佛祖說：「那好吧，我可以讓你的戀人很快醒過來，但你要答應化作三年的蜻蜓，你願意嗎？」

　　男孩聽了，還是堅定地回答道：「我願意！」

　　天亮了，男孩已經變成了一隻漂亮的蜻蜓，他告別了佛祖便匆匆地飛到了醫院。女孩真的醒了，而且她還在跟身旁的一位醫生交談著什麼，可惜他聽不到。幾天後，女孩便康復出院了，但是她並不快樂。她四處打聽著男孩的下落，但沒有人知道男孩究竟去了哪裡。女孩整天不停地尋找著，然而早已化身成蜻蜓的男孩卻無時無刻不圍繞在她身邊，只是他不會呼喊，不會擁抱，他只能默默地承受著她的視而不見。

　　夏天過去了，秋天的涼風吹落了樹葉，蜻蜓不得不離開這裡。於是他最後一次飛落在女孩的肩上。他想用自己的翅膀撫摸她的臉，用細小的嘴來親吻她的額頭，然而他弱小的身體還是不足以被她發現。

　　轉眼間，春天來了，蜻蜓迫不及待地飛回來尋找自己的戀人。然而，她那熟悉的身影旁站著一個高大而英俊的男人，那一剎那，蜻蜓差點兒從半空中墜落下來。

　　人們講起車禍後女孩病得多麼的嚴重，描述著那名男醫生有多麼的善良、可愛，還描述著他們的愛情有多麼的理所當然，當然也描述了女孩已經快樂如前。蜻蜓傷心極了，在接下來的幾天中，他常常會看到那個男人帶著自己的戀人在海邊看日出，晚上又在海邊看日落，而他自己除了偶爾能停落在她的肩上以外，什麼也做不了。

　　這一年的夏天特別長，蜻蜓每天痛苦地低飛著，他已經沒有勇氣接近自己昔日的戀人。她和那男人之間的喃喃

細語，他和她快樂的笑聲，都令他窒息。

第三年的夏天，蜻蜓已不再常常去看望自己的戀人了。她的肩被男醫生輕擁著，臉被男醫生輕輕地吻著，根本沒有時間去留意一隻傷心的蜻蜓，更沒有心情去懷念過去。佛祖約定的三年期限很快就要到了，就在最後一天，蜻蜓昔日的戀人跟那個男醫生舉行了婚禮。

蜻蜓悄悄地飛落在佛祖的肩膀上，他聽到了下面的戀人的結婚誓言，他看著那個男醫生把戒指戴到昔日戀人的手上，然後看著他們甜蜜地親吻著。蜻蜓流下了傷心的淚水。

佛祖歎息著：「你後悔了嗎？」蜻蜓擦乾了眼淚：「沒有！」佛祖又帶著一絲愉悅說：「那麼，明天你就可以變回你自己了。」蜻蜓搖了搖頭：「就讓我做一輩子蜻蜓吧……」

∴‧道破禪機‧∴

放手也是一種愛

蜻蜓為了女孩的生命，自己去做一輩子的蜻蜓，放手了原本屬於自己的愛情，可誰又能說他不愛，誰又敢說那個女孩不幸福呢？

一般來說，愛一個人就要擁有他，與他幸福地廝守在一起。可是命運總是充滿著變數，它會讓你發現有時放開你的愛人，才能讓他擁有幸福。

她剛剛從國外回來，與丈夫一塊兒回來度假。回家的感覺真好，可惜心中總有那麼一絲疼痛。事情雖然過去兩

年了，雖然是一千個一萬個不願意，她還是去找那個負心的他。

「在國外習慣嗎？」

「還好。你呢？」

「嗯——也還好。」

淡淡的，兩個人都不知道怎麼開口。

他是她的前夫，相愛的日子，波瀾不驚，卻十分溫馨。兩人是大學同學，畢了業就結婚，沒有特別的成就，無憂無慮。日子一天天過去，當兩人都以為生活就這樣不會有什麼改變的時候，一件事情發生了。

他被查出患有絕症，一下子好像什麼都改變了。他停止了工作，住院治療。她一下子變成了家裡的頂樑柱，兼了好幾份工作，陀螺似地旋轉，每天還得去醫院照顧他。

就在她拼命賺錢為他治病的時候，醫院卻傳出他的「桃色新聞」。他與一個同病相憐的女病人好上了。這怎麼可能呢？結婚這麼多年，他雖然不是特別優秀，卻也風度翩翩，喜歡他的人一直不少，可他從未做過對不起她的事，現在更是不可能的。

然而事實勝於雄辯，那個女絕症病人確實瘋狂地喜歡他，並很快和自己的丈夫離了婚。而他也向她提出了離婚……事後，她接受了公司的派遣，去國外分公司工作。

「這……是送給你太太的？」她指了指他手邊的一束百合。

他點了點頭：「她就是喜歡百合。」

他的臉上流露出幸福的微笑。

她的心，突然感到一陣刺痛。

　　那句在心裡憋了兩年的話就從她嘴裡衝了出來：「知道當初我為什麼同意和你離婚嗎？因為那個故事——你住院的時候跟我講過的那個故事：從前有兩位母親爭一個孩子，縣官讓他們搶，孩子被拉得痛哭了，親生母親心一軟，便放棄了……」

　　他迎著她直視的目光，兩人的眼角都有淚光閃動。

　　送走了她，他捧著百合獨自去墓地看望另一個女人——那個被她稱作他「太太」的、喜歡百合花的女人。

　　兩年來，他很少出門，頭上的頭髮也掉光了。

　　「我的日子不多了，我的朋友，今天可能是我最後一次來看你了，謝謝你當初對我講的那個故事……」他對墓中的女人喃喃自語。

　　那個故事，其實是他進醫院後不久，這個女人講給他聽的，當時他們都知道自己患的是絕症，女人不想拖累深愛的丈夫，他不想拖累深愛的妻子，於是，他們決定先放手。

　　如果你愛上一個人，但只有放手才會讓他擁有幸福，你會放手嗎？還是會緊緊抓住不放，讓他生活在不幸中？儘管放手很痛苦，但你也要知道，愛一個人目的就是讓他得到幸福，既然放手能讓他幸福，又有什麼放不下呢？

┌─‥‥禪林清音‥‥
　　去擁有一份愛，有時往往不如放手一份愛更幸福。

6. 公主救王子

滴水和尚雲遊時路過一個村莊，發現那個村裡的人們一直在議論一件事。滴水很好奇，便上前打探了一個究竟。

原來，前不久就在這個村上，一對年輕男女剛完婚。可是完婚的第二天，丈夫去山上砍柴遇上了老虎。老虎緊追，他就拼命地跑，結果摔進了一條河谷裡。等村裡的人把他抬回來後，發現他身體沒有大礙，可是腦袋卻有些不正常了。

岳父岳母見新女婿摔成了傻子，很是心疼女兒，為女兒的幸福發愁。

村裡的人有的覺得這個女子應該好生照顧丈夫，畢竟一日夫妻百日恩。還有的人勸她趁著年輕改嫁。這個女子也拿不定主意，便看著傻傻的丈夫哭起來。

雲水僧走上前去，問她：「可否願意聽我講一個故事？」

那女子表情木然地同意了。

雲水僧便開口給她講了這樣一個故事：

有一個國王，他有一個非常英俊漂亮的王子。可惜在一次打獵中，一條毒蛇鑽進了他的肚子裡，從此，王子變得身體虛弱，什麼事情也做不了，又沒有辦法除去肚子中的毒蛇，王子不願意讓親人看到自己的痛苦，就一個人悄悄離開家鄉，到一個陌生的國家去了。

這個國家的國王有兩個女兒，兩個女兒都很懂事。有

一天，國王把兩個女兒叫到身邊，想聽聽她們對自己的評價。

大女兒說：「父王，你永遠是勝利的象徵！」

小女兒說：「父王，您的功績蓋世無雙！」

國王不知怎麼，總覺得小女兒說得有些口不應心，就對小女兒說：「你對父王是否有些不服氣？因為你在我身邊很難有作為。那麼，我成全你，你到外邊的世界裡去創造你的業績去吧。」

國王就把小女兒嫁給了從鄰國來的那個王子。

公主沒有灰心和沮喪，她和丈夫一起來到另外一個國家，去創造自己的生活。

公主知道自己的丈夫身體不好，很照顧他。每天，自己出去勞動，讓丈夫在家休息。

有一天，公主回家後，看到王子不見了，就去找，在後院的土牆旁，看到王子的頭歪在牆邊，牆邊洞穴裡伸出一隻蛇頭正在和王子嘴裡伸出的蛇頭打架。

洞穴裡的蛇說：

「你太可惡，為什麼要傷害這個好心的王子？」

王子嘴裡的蛇說：「你才是壞蛋，你為什麼把人家的財富藏進洞穴？」

洞穴裡的蛇又說：

「王子只要喝點芥末粉，你就沒命了。」

王子嘴裡的蛇也說：

「只要往你的洞穴裡灌點熱水，你就別想活命。」

公主躲在一旁，全聽了進去。

公主悄悄回到屋裡，準備好一些芥末粉和熱水，按照

剛才兩條蛇說的辦法去做，兩條蛇都喪命了。

　　公主從洞穴裡取出財寶，帶著身體恢復健康的王子回到自己的國家。父王和親朋好友都來祝賀他們，齊聲誇獎公主用行動創建了自己的功績。

　　故事講完，雲水僧問她：「你現在想明白離開他還是照顧他了嗎？」

　　那女子點點頭道：「我要照顧他一輩子！」

　　雲水僧非常高興，順手掏出一包藥來遞給了她。「只要堅持給他服下去，一月後即可痊癒！」說完，雲水僧繼續朝前走了。

　　那女子半信半疑，但她還是堅持給丈夫用藥。一個月後丈夫果然恢復了正常。

∴道破禪機∴

在患難中釋放真情

　　公主救王子的故事令人感動，更令人欣喜。患難是一種考驗，更是一個人釋放真情的最好機會。有時，在秋葉飄落的黃昏，在細雨微微的傘下，在人聲喧鬧的十字路口，當我們看見一對對白髮老人，相互攙攜著，那樣的從容，那樣的默契，那樣的溫情，那樣的幸福，我們又怎能不駐足並懷著欽羨與感動的心情為他們深深地祝福呢？但是，要知道他們能夠牽手走一輩子，是互相攙扶著經歷了多少患難，才換來今日的幸福的！

　　一個人若在愛人處於困境時，扶她（他）一把，哪怕你沒有起死回生的能力，能給的只是一句鼓勵，一個信任

的眼神，都會給對方莫大的精神力量。

當陪同愛人度過那場劫難時，他（她）無論什麼時候想起你，除了那份濃濃的愛意，還會多一份感動和感激。因此，在愛人陷入困境時，扶他（她）一把，等走過了最艱苦的日子，相信誰也無法取代你在他心目中的地位。

一本著名雜誌上曾登過一則故事：

一個日本人裝修住宅拆開了牆壁。日式住宅的牆是中間夾了木板，兩邊是泥土，裡面是空的。他拆牆時，發現一隻壁虎困在那裡，一根從外面釘到裡面的釘子釘住了它的尾巴。

主人很驚訝，因為那釘子是十年前蓋房子時釘的，這說明這隻壁虎困在牆壁裡面已經整整十年了，這十年，被釘住尾巴的它，是靠什麼生存下來的呢？

過了不久，從另一端又爬來一隻壁虎，嘴裡含著食物。主人一下被感動了，是愛情，是無比高尚的愛情，是至死不變的愛情！為了被釘住不能動的壁虎，另一隻壁虎在這十年裡一直在餵它。

還有一個故事：

一天，男孩對女孩說：「如果我只有一碗粥，我會把一半給我的母親，另一半給你。」女孩喜歡上了男孩。那一年他12歲，她10歲。

過了10年，他們村子被洪水淹沒了，他不停地救人，惟獨沒有親自去救她。當她被別人救出後，他輕輕地說：「因為我愛她，她死了，我也不會獨活。」於是他們在那一年結了婚。那一年他22歲，她20歲。

後來，全國鬧饑荒，他們同樣窮得只剩下一點點麵

了，做了一碗湯麵。他讓她吃，她捨不得吃，讓他吃。三天後，那碗麵發黴了。當時，他42歲，她40歲。

因為祖父曾是地主，他受到了批鬥。在那段年月裡，她陪著他挨批、掛牌遊街，夫妻二人在苦難的歲月裡接受了相同的命運！那一年，他52歲，她50歲。

許多年過去了，這時他們調到城裡，每天早上乘公共汽車去市中心的公園，當別人給他們讓座時，他們都不願坐下而讓對方站著。車上的人竟不由自主地全都站了起來。那一年他72歲，她70歲。

她說：「10年後如果我們都已死了，我一定變成他，他一定變成我，然後他再來喝我送他的那碗粥！」

70年的風塵歲月，這就是愛情。愛情就是這樣偉大，它總會在患難時顯得彌足珍貴。

˙˙禪林清音˙˙

如果可以挽救你，我願意為你付出全部。

7. 背著房子的公蟹

一隻公寄居蟹找到了一隻很大的空貝殼，便把貝殼清理乾淨，做成了自己的房子。

有了房子的公寄居蟹很快找到了一隻母寄居蟹，他們快樂地生活在這個大房子裡。

每天他們出門，母寄居蟹就自由快樂地遨遊、覓食，而公寄居蟹背著沉重的房子艱難地跟在母寄居蟹身後。

母寄居蟹遊一段路就要停下來等公蟹。

這樣的生活過了沒多久，有一天母寄居蟹跟著一隻無拘無束的龍蝦一起游走了，再也沒有回來。而公寄居蟹無法丟下他沉重的房子，只能眼睜睜地看著母寄居蟹游遠、游遠、游遠，漸漸消失不見……

·道破禪機·

別讓自己愛的代價太大

可憐的公寄居蟹背負著那麼大且乾淨的房子，母寄居蟹還是跟著無拘無束的龍蝦游走了。這對於公蟹而言，是莫大的悲哀與不平，然而，選擇背負那個房子的卻是他自己。

這是一個灰色的寓言，它告訴人們，表達愛情的真心並沒有錯，但要記住別讓自己為愛付出的代價太大。

在這個物慾橫流的年代，人們的虛榮心日益膨脹，攀比之心與日俱增。一個人僅為了自己而活，已然承受了太大的壓力，若再攤上一個更看重物質的戀人，那將是何等的壓力啊？然而，這世上卻湧現出一個個公寄居蟹一樣的人，為了愛，付出再多的物質也再也在所不惜，結果卻往往令人擔憂。

曾有一個中型公司的單身女老闆，為了討年輕帥氣的男朋友歡心，不惜重金誘惑，然而男朋友不為之所動，聲稱願意參與企業管理，共同出謀劃策。女老闆自是喜不勝收，當即答應了。

在以後的日子裡，女老闆雖在男朋友那裡得到了所謂的愛情，但男朋友也因此瞭解到了該企業經營的內幕，並

掌握了一定的資源。

一年以後，男朋友突然提出某種原因稱兩人不合適而分手。

女老闆有些吃驚，還以為哪裡惹他生氣了，但好言相勸了許久也不奏效。

最後，男朋友還是拎著行李箱走了。

半年後，女老闆的企業陷入競爭困境，處處受人掣肘，但又不知對方是誰。

一年後，迫於無奈，女老闆宣佈破產了。最後，透過多方打聽，才知道收購自己公司的就是當年那個年輕帥氣的男朋友。

她悔恨地對自己說：「當初他想參與企業管理時，我就有過防備心，可為了表達我的一片真心，還是退讓了一步，沒想到……」

這個女老闆為愛付出了整個公司的前途和個人命運，代價不可謂不大。

還有一個青年，從大學畢業以後，為了滿足女友想安一個家的心願，不惜向父母要來首付款，在台北買下一間房子。自己靠著打工的微薄收入來還月貸，同時還要給女友買禮物，帶她去旅行。

然而，剛畢業的他薪資極低，根本不夠這些開銷。但他一直咬著牙，東借西借，寧可自己在公司裡吃泡麵，也不在女友面前說沒錢。

可悲的是，她的女友從來都沒把他的辛苦付出當一回事。

一年後，銀行利率提高，他也因公司裁員而被迫辭職

了。那一個月裡，他的心灰灰的，卻還被女友罵沒出息。

傷心之下，他繼續找工作，後來工作是找到了，可是那點薪水根本負擔不起高月貸。

迫於無奈，他最後把房子賣掉了，女友也離他而去。

為愛付出是人之常情，但在付出時，仍需掂量自己的斤兩，同時也要好好想想，她或他是否是那個真正值得你去付出的人，千萬別讓自己愛的代價太大。

‥禪林清音‥

真正愛你的人，是不會讓你活得太辛苦的。

8. 農民養鵝

數年前，塵風和尚因不守清規被逐出師門。在此之前，他經常冒充智者，愚弄附近的村民。

一個農民養了一百隻鵝。有一天，死了二十隻。於是，他跑到塵風和尚那裡，請教怎樣牧鵝。

塵風和尚專注地聽完農民的敘述，問道：「你是什麼時候放牧的？」

「上午。」

「哎呀！純粹是個不利的時辰！要下午放牧！」

農民感謝塵風的勸告，高興地回了家。三天後，他跑到塵風和尚那裡。

「師父，我又死了二十隻鵝。」

「你是在哪裡放牧的？」

「小河的右岸。」

「哎呀，錯了！要在左岸放牧。」

「非常感謝您對我的幫助，師父，菩薩保佑您。」

過了三天，農民再次來到塵風和尚那裡。

「師父，昨天又死了十隻鵝。」

「不會吧！你給它們吃了什麼？」

「餵了包穀，包穀粒。」

塵風和尚坐著深思良久，開始發表見解：

「你做錯了，應該把包穀磨碎餵給鵝吃。」

「萬分感謝您，師父。」

又過了三天，那位農民有點不快地、但又充滿希望地敲著塵風和尚的房門。

「唔，又碰到什麼新問題啦？」塵風和尚得意地問道。

「昨晚又死了二十隻鵝。」

「沒關係，只要充滿信心，常到我這兒來。告訴我，你的鵝在哪裡飲水？」

「當然是在那條小河裡。」

「真是大錯特錯，錯上加錯！不能讓它們飲河水，要給它們喝井水，這樣才有效。」

「謝謝，師父。您的智慧總是能指導我採取正確的行動。」

幾天後，那位農民通過開著的門進來時，塵風和尚正埋頭讀著一部厚厚的經書。

「您好，塵風師父。」那位農民帶著極大的尊敬說道。

「菩薩把你召到我這兒。看，甚至現在我都在替你的鵝操心。」

「又死了二十隻鵝，師父。現在我已經沒有鵝了。」

塵風和尚長時間地沉默不語。深思許久後，他歎息道：「我還有幾個忠告沒對你說，多可惜啊！」

∴道破禪機∴

耳根子也別太軟

塵風和尚為人不地道固然可恨，可是農夫耳根子太軟才是他不幸的根源。人生在世，誰都有自己的社交圈子，有些人可能同性朋友多些，有些人可能異性朋友多些。有些人婚後和朋友交往少了，有些人婚後不僅繼續和朋友交往，還結交了更多的新朋友。男女之間是平等的，志趣相投、有共同愛好的可以成為好友，同舟共濟共患難的一樣可以成為莫逆之交。無論夫妻哪一方結交了異性朋友，都是現代生活中很正常的現象。

但生活中有些人喜歡搬弄是非，看見非夫妻關係的男女在一起就嘀嘀咕咕，造謠生事，弄得蜚短流長。

偏偏有些「耳根子軟」、對丈夫（妻子）不信任的人最容易受這種流言的影響，加重對丈夫（妻子）的懷疑，影響夫妻關係。

有一對夫妻，妻子很漂亮，身材又極好，是一家報社的記者，而丈夫是一個相貌普通的計程車司機。

在許多人看來，這個男人的妻子跟別的男人出軌的可能性很大。也經常有些好事的朋友對丈夫說，要嘛就是看到你老婆和一個男人在某個咖啡廳裡坐了一下午，不知道聊些什麼，感覺跟戀人似的；要嘛是看到你老婆和什麼

什麼人一起去了某個賓館了，採訪一個人總不至於去賓館裡採訪吧？你快去看看吧，不然給你戴了綠帽你還不知道呢！

但丈夫從來不那麼想，每次碰到這樣的「好心」人，都只是微微一笑，還說聲謝謝，從來不去調查。這在很多人看來有些不可思議，難道他真的不怕？或者有什麼法寶在手？

後來，他的妻子又去外地做採訪去了，去了兩週。丈夫約來幾個哥們來他家裡一起喝酒。喝到大家有些迷糊的時候，突然一個哥們開口說：「我說哥們，我還真佩服你，你真的不擔心嫂子在外面給你造點什麼花邊新聞？我要有那麼漂亮一個老婆，我早讓她把工作辭了，老老實實呆在家裡生孩子、做家務。」說完，幾個哥們一起看著他，看他有什麼反應。

沒想到他哈哈大笑起來，「你們這些多疑鬼啊，難怪不敢娶漂亮老婆，這不全讓我沾光了！別的女人我不敢說，我的老婆出去我是放一百個心，一點也不懷疑她。」

大家好奇地等著他繼續往下說。

「因為我結婚時就對她說過：要是以後喜歡上了別人直接告訴我，我絕不攔著，你也不必像別的女人那樣偷偷摸摸。她說就這一句話足夠了！」說完，他又招呼大家喝酒了。

這些哥們依舊半信半疑，但是他們看到人家兩口子依然甜甜蜜蜜，誰也沒懷疑誰。

許多年後，他的妻子退休了，不再往外面跑了。那些哥們也敢開大玩笑了，問嫂子年輕的時候是不是給老公戴

過綠帽啥的？沒想到，他的妻子也哈哈大笑：「你們這些男人啊，難怪不敢娶漂亮老婆，活該！」

還有一對夫妻，丈夫韋韋是位魅力四射的中年男人，他事業有成，神態自信沉穩，舉止瀟灑，更難得的是韋韋擁有一副挺拔身材和一張稱得上英俊的臉龐。先天的優越條件配上得體的衣飾和成功者的氣定神閑的風度，真的是那種走到哪兒都讓妻子擔心的人物。

偏偏韋韋的妻子楠楠是位相貌平常的女子，像普通的中年婦女那樣顯得有些臃腫，反應有些遲緩，歲月的風霜早已侵蝕了她那曾經光潔的容顏，只留下那些洗不去的衰老和抹不平的皺紋。

乍一看，覺得他倆非常不配對，倒是韋韋和他的助理劉小姐更像天生的一對。劉小姐既具有都市女孩的美麗和洋派，又具備年輕知識份子的精幹和氣質。工作中，韋韋和劉是搭檔，經常在各種公開場合出雙入對；生活中，兩人又是朋友，甚至是可以敞開心扉的那種朋友。楠楠作為韋韋的妻子，當然知道他倆的關係，也聽聞了不少關於他倆的謠言，然而她卻很豁達。

楠楠的觀點足以讓那些醋意十足、疑心極重的女人汗顏：「要是真把老公放在心上，就不要對他疑神疑鬼。不管他有沒有其他什麼女朋友，我只認準一條：他是跟我結婚的，不是跟別人，這就表明我在他心裡的分量是任何人都無法替代的，他離不開我，就如同我離不開他一樣。就算有個風吹草動，他的心總歸還在我這裡。」

最親密的愛人，應是你一生中最值得信任的人，不然你當初也不會與其結婚。既然與對方相愛、相守，就要相

信對方。

　　而生活中出現小人是難免的，只要你不輕信人言，再多的是非、再多的流言又怎能奈何你呢？

　　真正的懷疑不在他人的流言中，而在你心中。

9. 勤於誦經的信徒

　　宏雲大師在建文殊講堂的時候有一個信徒來了，這裡煮有素食，宏雲大師就跟她講說：「菩薩，留下在這裡吃飯吧。」她說：「不行，不行，我要趕快回去煮飯，給我先生、兒子吃，然後我要誦《無量壽經》，我要把《無量壽經》誦三千部。」

　　人家要誦經，宏雲大師當然不能再強留。

　　回去後，她不聽經不聞法，因為她認為只有誦經叫做修行，回去要趕三千部，拼命地誦。三年，五年，她來的時候，每次宏雲大師要請她多待一會兒。「不，不，我要回去誦《無量壽經》。」她一直誦經，可執著還在，煩惱還在。

　　就這樣過了三年、五年、十年，已經相當長的時間了，《無量壽經》差不多念三萬部了。有一次，宏雲大師碰到她的時候，她很頹廢，沒什麼精神。宏雲大師問：「你今天怎麼心情這麼不好？」

　　「師父，我聽人家講誦《無量壽經》三千部，就會有消息，為什麼我一點兒消息都沒有？」

宏雲大師說：「有啊，你有消息：你有煩惱的消息，無明的消息。十幾年前我要你留下來吃個飯，是想在吃完飯後再給你說法，說幾句調整你的觀念，卻不接受，堅持用你的方式在修行。現在修得苦惱、煩惱，卻承受不了了。」

「師父，我快要發瘋了。」

她述說了她的不幸，第一個是營養不良，因為長年累月吃素。吃素以後因為趕著要誦《無量壽經》，沒什麼煮的，每天都吃蘿蔔乾，弄點稀飯隨便吃一吃，吃了十幾年，臉有菜色，虛弱不堪，拜佛下去起來就覺得昏天暗地。

第二個是由於要趕著誦經，兒女沒有人照顧，先生不滿。宏雲大師說：「你今天就留下來吃個飯，師父跟你講幾句話。」

她說：「好。」這次留下來了。

宏雲大師說：「你誦《無量壽經》誦了十幾年，到今天都沒有解脫，為什麼？很簡單，方法不對。我不是說誦《無量壽經》不好，我不是說念阿彌陀佛不好，但是，修正錯誤的觀念才是修行，你要有正確的觀念，正確的般若智慧，要聽經聞法，這樣才能摒棄錯誤觀念，得道、解脫。」

╔═ ∴道破禪機∴ ═╗

別因工作而犧牲愛情

女信徒光誦經從不聽經，方法不對路，卻沉迷於其

中，不僅耽誤了修行，還導致先生不滿、兒女沒人照顧。如果把誦經比做人們的工作，不知有多少人因為天天誦經而忽略了婚姻和愛情。

誦經是很重要，可是婚姻、愛情更重要，工作沒了可以再找，愛情沒了還找得回來嗎？

如果一個人因為工作而沒有時間和精力顧及愛情，一般有兩種可能。

第一種是工作真的很忙碌，無法抽出時間陪同孩子、丈夫（妻子），這時，要麼你與丈夫（妻子）協商好，爭取他們的理解和支持；如果得不到理解，魚和熊掌不能兼得時，你要考慮好是要愛情還是要工作，做出取捨並有心理準備。

周星和李磊是大學畢業生，畢業後他倆都沒有去找工作，而是選擇了一起創業。創業真的很艱苦，前途渺茫不說，還沒有時間陪女朋友。

看到男朋友為了創業而沒有時間陪自己，李磊的女朋友有些氣惱，她覺得自己還沒有他的事業重要，於是開始跟她吵架，並提出了如果再這樣下去就與他分手。同樣是整天忙碌於事業，周星的女朋友卻不抱怨，總是很支持他，有時還會給他送飯來。

李磊很羨慕周星，有時會拿周星女朋友的態度來開導自己的女友，可是自己的女友始終不能接受。無奈之下，李磊妥協了，他退出了創業團隊，重新去謀求一份工作，過起了朝九晚五的生活。從那以後，他有時間陪女朋友了，女朋友也更加愛他了。

而周星的女朋友則為了有更多的時間陪他，選擇了辭

職，和周星一起創業，兩個人的感情也很穩定。

不管他們如何選擇，結果都沒有因為工作的問題而耽誤愛情。

第二種情況像女信徒一樣，工作本身沒那麼忙碌，而是你的方法出了問題，導致你天天忙忙碌碌，甚至還把工作帶回家，這時候你更應該找出原因，把工作效率提上去，別為了工作而犧牲了愛情。

趙剛就是這樣的人，他剛當記者不久，經驗不夠豐富，但又急於表現，白天工作起來有點剎不住車的感覺，有時還會把沒有完成的工作帶回家。吃完晚飯就把自己關起來繼續工作，丟下妻子一個人看電視。

時間久了，妻子提出要分手，他很不理解，還振振有詞地說：「沒看到我在努力工作嗎？我不努力，哪來的錢還房貸？我努力賺錢養家供房子，你居然還不知足，想分手那就分吧！」

妻子什麼也不說，第二天就搬走了。

大約過了兩個月，他的經驗多了，處理起工作來也得心應手了，下班回到家，一個人對著電視，才發覺有些寂寞，有些後悔。

他試著給她打電話，但她說：「你必須保證每天下班後單獨抽出一小時來陪我，不然我不回去。」

此時的他當然能做到了，於是他們又和好了。

工作和愛情就是這樣，雖然說努力工作可以掙更多的錢，能夠提高兩個人的生活品質，可是一味地陷入工作而忽略了愛情，等到你真的事業有成，愛人也離你而去，你所有的奮鬥又有什麼意義呢？

·· 禪林清音 ··

當你以為擁有麵包就會擁有愛情時，其實愛情已經離去。

10. 美女出家

鹿野苑有位著名的國王——梵施國王。他在位期間，國泰民安、風調雨順、林園果茂、牛肥馬壯，整個國家呈現出一派生機勃勃、繁榮昌盛的景象。

不久，王妃懷孕，十月後生下一個美麗端莊的女孩，宮廷內外為她舉行了隆重的賀生儀式。準備給她取名時，因為國王種姓是嘎希，而她又天生麗質，秀美非凡，故取名嘎希美女。國王還特地為她請了八位姨母，八位姨母分門別類，從吃喝拉撒睡到玩耍戲樂無不精心地照顧撫養她，她如海中的蓮花很快樂地成長著。自幼她便學習各種文武理數、經史詩賦等，並對釋迦牟尼佛有無比信心，還經常藉父母之力供養三寶。

嘎希美女十八歲時正值青春芳齡，窈窕賢淑，其貌美麗質堪稱世間第一，無與倫比，以至於六國的國王無不知曉，均欲據為已有。六國各派信使往印度梵施王那裡求婚。梵施國王聽後心裡很是不安，心想：我僅有一女，若答應其中一位，則其餘五國必定挑戰，將危及到舉國臣民。他有些擔憂，故未答應任何一位國王。

六位國王都按捺不住內心的不悅，各自統帥四大軍隊向鹿野苑進軍，準備搶人。

　　一天早上，梵施國王登上鹿野苑的城牆時，出現在眼前的竟然是六國的軍隊。

　　突然，他覺得一切都完了，內心萬分焦急，拖著沉重的步子無精打采地回到房頂上，托腮凝思。

　　這時，嘎希美女來到梵施國王身邊，見父王滿面愁容，忙問：「父王為何心事重重？」

　　國王說：「為你」。

　　「為我，莫非是我貌不夠美？」梵施國王苦笑著說：「不是因為不美，而是因為你太美了，六國競相爭娶，我一一回絕，以至今日六國兵臨城下，這可如何是好？」

　　嘎希美女略作思索便問：「父王，女人有沒有自己選擇婚姻的權利？」

　　國王痛快地回答：「有自己選擇的權利。」

　　嘎希美女得到答案後，對父王寬慰道：「父王，請不要擔憂，您告訴六位國王，我將親自挑選他們。」

　　國王聽完這些話，心裡輕鬆了許多，便派了六個信使將此事告訴六位國王，請他們收兵稍候幾天，準備參加候選。六個國王這時都驕傲地認為嘎希美女一定會選中自己，因此，他們都不約而同地答應退兵了。

　　信使把情況如實地稟白了國王，國王心想，女兒肯定要出嫁做王妃了，但不管怎樣，只要國泰民安，吾心足矣。他的心漸漸平靜下來了。

　　那六位候選的國王各自興修宮殿，身著各種寶飾，帶上大象財寶及眷屬，幾乎是傾其所有，準時來到了鹿野苑。他們各自為陣，坐在獅子座上，等候著嘎希美女的到來。嘎希美女著妙衣寶飾，騎著大象，徐徐從每一位國王

面前走過，最後真誠地告訴他們：「我不願與任何人過世間的生活，我願意禮拜釋迦牟尼佛！」說畢離去。

六位國王及眷屬都看著她姍姍遠去的背影，都深感失望，但又感慨：這麼美麗的女子，卻不貪戀世間的生活，又不願享受人生的榮華富貴，居然情願皈依佛陀。梵施國王及眷屬們也目睹了嘎希美女此舉，他們半信半疑地尾隨著嘎希美女觀其真相。

嘎希美女路途中能騎則騎，不能騎則徒步前行，一路風塵僕僕，終於到了佛陀聖居。

·道破禪機·

拒絕的藝術

嘎希美女選擇了出家，拒絕了六個國王的愛，制止了戰爭，也保住了國土的安寧。這種選擇看似是一種犧牲，其實恰恰相反，出家才是她的所愛。但不管怎麼說，她的拒絕方式是拒絕他人愛情的最高境界——既不會傷害對方的自尊，又不會讓其繼續幻想。

有許多人都曾遇到過「不期而遇」的愛，不管對方如何愛自己，怎樣為自己付出，自己就是沒有那種愛情的感覺。如果貿然拒絕對方，又恐傷害人家的自尊；不拒絕得狠一點吧，又容易讓人覺得尚有機會，還會繼續幻想。似乎不管你怎樣去做，這都是一個令人非常棘手的難題。

其實，嘎希美女拒絕愛情的藝術中，就很有參考的意義。當然，不是讓你選擇出家來回避不想要的愛情，而是讓你選擇一種更高明的方式，巧妙地處理棘手的難題。

　　有一個女孩，因為出眾，吸引了一個男子。這個男子深深地迷戀著她，願意為她付出一切。

　　女孩一次次收到那個男子的禮物和鮮花，心裡的負擔也越來越重。她知道他是一個好人，是一個能夠給許多女孩幸福的男人。可是，這種愛對於女孩來說不是幸福，而是一種負擔。因為，她愛的不是他。

　　儘管她知道可以像有些女孩那樣惡語拒絕，但她不想那樣，那太傷男子的心了。為此，她矛盾著，掙扎著，同時也在尋找著一種更好的拒絕方式。

　　後來，那個男子過生日，想邀請單身的她去他的生日宴會。女孩去之前就想過：他可能覺得時機已經成熟，準備在宴會上當著許多朋友的面向她表白。儘管這對於她而言，是最不想看到的，但她答應了。

　　那天，她打扮得很漂亮，還特意買了一枝嬌豔欲滴的玫瑰花。

　　到達的時候，許多人已經到了，她是最後一個。當她出現的時候，許多人為之驚豔，那個男子的心情也非常激動。

　　但女孩沒有急著獻花，她猜到了他會在許願的時候表達他的愛。於是，她把玫瑰花握在手裡，等待著那一刻的到來。

　　終於，所有的燭光點起，那個男子開始許願。

　　她開口了：「能不能讓我和你一起許願，一起吹蠟燭，然後讓我先說出自己的心願？」

　　那個男子非常開心，當然答應了。

　　兩個人在眾人的歡呼聲中將所有的蠟燭一口氣吹

滅，激動人心的時刻到來了。

女孩說：「我最大的心願是，希望你能做我一生一世的好朋友，這是一枝友情玫瑰，它代表著我對你最真摯的友誼。」

那個男子愣住了，但是他又不能在眾人面前失態，於是他默默地接受了那枝玫瑰。

此時，壓在女孩心中的石頭終於落地了。

那天以後，他倆成了好朋友，最真摯的那種。

這個女孩無疑是聰明的，她找到了最好的拒絕方式，既不會傷他自尊，又不會失去這份友誼。這不正是一種高明的拒絕藝術嗎？

·禪林清音·

恰如其分地拒絕愛，收穫的將是真摯的友誼。

11. 占卜的年輕人

過去，有一個年輕人跟幾個親戚合夥做棉花生意。結果，他們第一次外出購貨，就遭遇了數十年不遇的暴雨，數千斤棉花被漚在庫房裡黴爛，損失慘重。當他黯然返回家鄉後不久，父親經營的餐館又意外遭遇大火，被燒成了一堆瓦礫。從此，他的家一貧如洗。他的父母則因為悲傷過度，先後病故。

後來，他在集市上請一個算命先生為自己占卜一下前程。結果，算命先生告訴他，命數註定，他一輩子都不會有發跡之日。

從此，他徹底失望了，啥事都不再去想，啥事也都不想去做，只靠親戚和一些好心鄰居的接濟勉強度日。

終於有一天，他厭倦了這個世界，獨自來到河邊欲跳河自殺，結果被路人救了起來。路人問他為何輕生，他就將自己的不幸命運告訴了路人，那人便勸他到湛山寺去拜謁惠明禪師，求他指點迷津。

他心懷一線希望，到湛山寺去拜見惠明禪師，又將自己的不幸對惠明禪師傾訴了一遍，然後問道：「命數可以逃避嗎？」

惠明禪師微捻蒼髯，笑著說：「命，是由你自己做成的。你做了善事，命就好了；你做了惡事，命就不好了。那你此前做過惡事嗎？」

他搖了搖頭。

惠明禪師仍笑著說：「那麼，從現在開始，就重修你的命運吧。」

他有些迷惑地問：「師傅，命運真可以重修嗎？」

惠明禪師沒有回答，卻從几案的瓷盤裡摘下一粒葡萄攥在手裡，而後，問道：「你能告訴老衲，這一粒葡萄是完整的還是破碎的呢？」

他思考了一會兒說：「如果我告訴您它是完整的，您一用力它就會變成破碎的了。」

惠明禪師朗聲笑了起來，然後說：「命運就像這粒葡萄一樣，就在你的手中啊！」

年輕人終於悟出惠明禪師的禪意，重新振作起來，操起父親生前的生意，先是在街市上擺了一個小吃攤，生意一點一點做大。後來，他就成了遠近聞名的大老闆。

幸福可以重修

沒有誰能讓你的命運蒙上一層悲觀的色彩，它掌握在你自己的手中。只要你肯用心，不僅命運可以重修，幸福也可以重修。

無獨有偶，禪學中還有一個重修幸福和命運的故事。這是佛陀講給比丘們聽的：

某一年，王舍城中某一富豪家誕生了一個相貌非凡的男嬰，一出生指頭就放出祥光。父母看到這種情況又驚又喜，於是請來法師為兒子取名叫『燈指』，還辦了盛大的喜宴邀請所有親朋好友來慶祝一番。

當時宴會中有一位婆羅門學者名叫苦修，他看到這個男嬰的長相，便笑著說：

「這孩子應該是天人下凡，將來一定有很大成就。」

男嬰的父母聽到學者這樣讚美更加高興了，於是又設大檀會，七天七夜不停地佈施作福。這個消息傳到國王耳中，他心想：

「我從來不信因果這種事，真的有人一出生指頭就會發光嗎？」

國王感到非常疑惑，隨即派遣使者將他們帶來王宮。

果然男嬰的指頭大放光明，使宮廷內大放異彩，國王驚訝地說：

「果然因果是真的存在的。如果沒有因果，為什麼這嬰兒從出生以來，便容貌超絕而且手指發出光芒？這嬰兒

前世一定積了許多福德，現在才得到這種善報。人們如果親眼目睹這孩子，還能夠不努力積善嗎？」

漸漸的，燈指長大了，父親為他選了個門當戶對的富家女作為他的妻子，過著幸福和樂的日子。但是過了沒多久，燈指的父母相繼病死。

家中頓時無人主持，加上燈指從小嬌生慣養，不懂得管理家業，反而每天安逸玩樂，完全不知節制，於是家中財產便漸漸敗光了。

這天燈指出門享樂，妻子也回娘家了，強盜趁整個大宅無人看守，於是放膽闖入燈指家中，將倉庫裡的金銀珍寶搜刮一空，甚至把日用衣物也全部帶走。

燈指晚上回家的時候看到家財被搶奪一空，不禁放聲大哭，就在這時，連指頭的光芒也消失了。可憐的燈指一夕之間什麼都沒有了，不但妻子拋棄他，僕人也逃光光，親朋好友更是和他斷絕往來。

大家害怕他向自己乞討，只要一看到他，不是急急忙忙躲開，就是大聲把他罵走。燈指不止一次想要自殺，卻都沒成功。

燈指心想：「想死又死不了，將來日子還這麼久，要如何才能生存呢？」後來燈指走投無路，只好去當人們最鄙視的抬屍體的工人。

這天，他把屍體搬到墓地去，正當要把屍體放下的時候，死人突然緊緊抱住燈指，不肯鬆手，燈指用盡全力也不能甩開。燈指嚇得亂跑，想要找人解救，可是沒有人要幫他，反而還罵他怎麼背著屍體跑到人住的村落，然後用石頭丟他，丟得他頭破血流。

　　燈指不禁難過地說：「我本來家中富有，沒想到現在過著這樣的生活，哪知道又有冤魂跟著我，我背的屍體竟然不離開我。我就算背著屍體也要回到原本的家，寧願和屍體一起死，也不願以後背著屍體苟且偷生。」

　　於是燈指背著屍體來到自家空宅，說來奇怪，燈指人一到家，死屍就倒在地上。這時燈指忽然看見死屍的手指閃閃發亮，再仔細觀察竟發現是黃金。他拿小刀割開屍體，發現屍體的全身骨骼都是金子。這下燈指發財了，他的富貴更勝從前，妻子、僮僕都回來投靠他，親戚朋友也都回來找他。燈指歎了一口氣說：

　　「真是怪了！運勢一去，所有一切都幻滅，生活有如地獄一般。運勢一來，連屍體都變成黃金，之前無情的人立刻變得好像沒事，對我依舊喜愛。」

　　比丘們聽完故事，合掌問佛陀：

　　「燈指比丘因為什麼因緣，從出生以來就指頭發光？又是什麼因緣要遭受大貧困？而且屍寶為什麼一直跟在他身邊呢？」

　　佛陀回答：「好幾世以前，燈指比丘出生在波羅奈國一個富有家庭裡。當他還是小孩子的時候，有天在外面玩得太晚，等到天黑回家時，家裡的門窗都關了，他大叫開門也沒有人來應門。過了很久母親才來為他開門，他於是生氣地罵母親：『全家都死光了嗎？還是有盜賊來搶劫？怎麼沒人幫我開門！』造了這種口業，他死後墮入地獄，並且這輩子遭受貧困。至於指頭發光及屍寶的因緣，則是另一件事。從前有一位佛名叫毗婆屍，他入涅槃後，佛法流傳到世間。燈指當時已經長大，成為富豪。有天他到塔

寺恭敬禮拜之後，見到佛像有一根指頭破落，他馬上花錢用金箔修補佛指。修好後，他祈願能因為修治佛像的功德，以後得到尊豪富貴，如果漏失金錢，之後還能尋得。因為上輩子幫佛像修補指頭的因緣，所以今世得到指頭發光以及死屍成寶的福報。」

命運和幸福都可以重修，無論你現在的境地有多慘，只要不放棄人生，盡自己所能去做一些有意義的事，一切美好都會降臨，你所失去的也會回來。

┌·˙禪林清音˙·┐

幸福從來不會拒絕一個真心悔改的人。

12. 還在尋找

從前，有一位滿臉愁容的老人，七十歲了還沒結婚，到處旅行、流浪，似乎在尋找些什麼東西。有位高僧問他：「你在找什麼？」

他說：「我要尋找一個完美的女人，娶她為妻！」

那僧人就問他說：「你四處旅行，找了那麼多年，難道從來沒有找到一個完美的女人嗎？」

「有的，我碰到過一個，那是僅有的一個，真是一個完美的女人！」

「那，你為什麼不娶她呢？」僧人很好奇。

老人無奈地說：「可是，她也正在尋找一個完美的男人！」

適合的才是幸福的

找到一個完美的戀人，是許多人夢寐以求的美事，但是當完美近乎於苛求，便容易脫離生活實際，耽誤你的幸福。就像那個還在尋找戀人的老人和女人，可能一輩子也享受不到幸福。愛是隨緣的，戀人也是隨緣的，只有一切隨緣，才能遇到適合的幸福。

曾經有個老太太有三個女兒。大女兒長得最美，二女兒最有才華，只有三女兒各方面都平平。三個女兒雖說平時好得恨不能一個鼻孔出氣，但是在擇偶標準上，卻產生了極大的分歧。

大女兒覺得人生就應該追求美滿，愛情就應該講究浪漫，如果找不到一個能讓自己覺得非常完美的愛人，那麼情願獨身下去。而二女兒則覺得婚姻是一輩子的大事，必須找一個能與自己志趣相投的男人才行。只有三女兒沒有什麼標準，她是個傳統而又實際的人——對婚姻不抱不切實際的幻想，對男人不抱過高的要求，對人生不抱過於完美的奢望，她覺得兩個人只要「對眼」，別的都不重要。

後來，三女兒遇到了一個男人，論長相、才情都很一般，屬於那種夾在人堆裡就會被淹沒的男人，但他倆都是第一眼就看上了對方，而且彼此都是初戀的對象。於是兩個人一路戀愛下去。對此大女兒和二女兒都予以強烈的反對，她們覺得像妹妹這樣各方面都難以「出彩」的人，婚姻是她讓自己人生輝煌的唯一機會，她不應該草率地對待

這個機會。但是三女兒覺得沒有人能夠知道，漫長的歲月裡，自己將會遇見誰，亦不知道誰終將是自己的最愛，只要感覺自己是在愛了，那麼就不要放棄。

於是三女兒在二十五歲時與那個男人結了婚，二十六歲時做了媽媽。雖說她每天都過得很舒服、很幸福，但她還是成為了姐姐們同情的對象。大女兒搖頭歎息：「花樣年華白擲了，可惜呀！」二女兒扁著嘴說：「為什麼不找個更好的？」

後來，當年的少女被時光消耗成了三個半老徐娘，大女兒眾裡尋他千百度，無奈那人始終不在燈火闌珊處，只好讓美麗的容顏空憔悴；二女兒雖然如願以償，嫁給了與自己志趣一致的男士，但無奈兩個人雖然同在一個屋簷下，卻如同兩隻刺蝟般不停地用自己身上的刺去紮對方，遍體鱗傷後，不得不離婚。離婚後，除了食物之外她找不到別的安慰，生生將自己昔日的窈窕變成了今日的肥碩，昔日才女變成了今日的怨女；只有三女兒事業順利，家庭和睦，到現在竟然美麗晚成，時不時地與女兒一起冒充姐妹花招搖過市。

不少人認為只有完美的愛人，才能使婚姻幸福、甜蜜。其實不然，完美的愛人根本就是水中月、鏡中花，你一輩子都找不到。若你繼續死守著對那份完美的期待，過於苛求完美，只會讓完美耽誤你的幸福。三女兒的愛也許有些傻氣，但恰恰是這種隨遇而安的愛使她得到了他人難以企及的幸福。

愛情中的感覺很重要，適合的才是幸福的，感覺找對了，就不要考慮太多，不然，會錯過好姻緣。

如果一雙鞋真的很合腳、很舒服，它的樣子還真的那麼重要嗎？

13.　冷暖自知

老子在《道德經》裡感歎：「道可道，非常道。」意思是說：道可以用語言說出來，但不是通常意義上的道。但是，佛教禪宗則認為：道如果可以說出來，那就不是道了。

有一位學僧向慈受禪師請教「道」的真諦，跟禪師進行了下面的對話：「禪師，禪者悟道時，能把所悟之道的境界，感受之類的東西表達出來嗎？」

「既然是悟出來的道，就好比虛空裡捉出來的風，是說不出來其中的奧妙的。」

「禪師能形象地說明一下悟道，又說不出來的情形到底是什麼樣子嗎？」

「就像啞巴吃蜜一樣。」

「有的禪者並沒有悟道，卻好為人師，善於詞令，講得頭頭是道，他的話算是禪語嗎？」

「既然沒有悟道，怎能算禪語，不過是鸚鵡學舌罷了。」

「啞巴吃蜜跟鸚鵡學舌又有什麼不同呢？」

「啞巴吃蜜是知，如人飲水，冷暖自知；鸚鵡學舌是不知，並不解其意。」

對話及此，聰明的學僧突然發問：「照你如是說，禪師您現在是知還是不知呢？」

慈受哈哈大笑道：「我現在猶如啞巴吃黃連，有苦說不出；又好像鸚鵡學舌，講得非常像。你倒是說說，我究竟是知呢，還是不知呢？」

學僧連連道謝：「多謝禪師指點迷津，如人飲水，冷暖自知也，弟子感激不盡！」

・道破禪機・

區分你的愛情和友情

禪者悟出來的「道」如人飲水，冷暖自知，但不能言傳。這與愛情有些相似，愛情是什麼，恐怕沒有人能說得清楚，如果讓一千個人來回答，會有一千個答案。

有人說愛情是春天的雨，愛情是秋天的風，愛情是飄著的雲，愛情是醇釀的酒，愛情是行走的船。有人說愛如陸游與唐婉《釵頭鳳》的傷感與無奈；是莎士比亞《羅密歐與茱麗葉》裡赤誠的愛意；是牛郎織女相隔遙遠的邊際互相凝視的眼神。還有人說所謂的愛不過是一種感覺。

一般說來，男女之間的愛情，可以透過體驗去品嘗其中的滋味，領略愛情的魅力。但是，男女之間的愛情與友情卻很容易混淆，有不少人區分不清，常有人錯把愛情當友情，也有人錯把友情當愛情。

一個充滿稚氣的大男孩理查，與一個同樣充滿稚氣的大女孩安妮玩得很好，兩人感情很融洽。

「你們在相愛！」旁人評價說。

「是嗎？我們在相愛嗎？」他們問別人，也問自己。

是的，他們弄不清自己是在與對方相愛，還是與對方在享受朋友間的友誼。

於是，他們去問智者。

「告訴我們友誼與愛情的區別吧！」他們懇求道。

智者含笑看著兩個年輕人，說道：

「你們給我出了一個最難解的難題。愛情和友誼像一對性格迥異的孿生姊妹，她們既相同，又不同。有時，她們很容易區分，有時卻無法辨別⋯⋯」

「請舉例說明吧！」大男孩和大女孩說。

「她們都是人間最美好最溫馨的情感。當她們給人們帶來美，帶來善，帶來快樂時，她們無法區別；當她們遇到麻煩和波折時，反應就大不相同了。」

「比如⋯⋯」男孩和女孩問。

「比如，愛情說：你是屬於我一個人的；友誼卻說：除了我，你還可以有著她和他。

「友誼來了，你會說：請坐請坐；愛情來了，你會擁抱著她，什麼也不說。

「愛情的利刃傷了你時，你的心一邊流血，你的眼卻渴望著她；友誼的鋒芒刺痛了你時，你會轉身而去，拔出芒刺，不再理她。

「友誼遠行時，你會笑著說：祝你一路平安！愛情遠行時，你會哭著說：請你不要忘了我！

「愛情對你說：我有時是奔湧的波濤，有時是一江春水，有時又像凝結的冰；友誼對你說：我永遠是豔陽照耀下的一江春水。

「當你與愛情被追殺至絕路時，你會說：讓我們一起擁抱死亡吧！當你與友誼被追殺得走投無路時，你會說：讓我們各自找條生路吧！

「當愛情遺棄了你時，你可能大醉三天，大哭三天，又笑三天；當友誼離你而去時，你可能歎一天氣，喝一天茶，又花一天的時間尋找新的友誼。

「當愛情死亡時，你會跪在她的遺體邊說：我其實已經同你一起死了；當友誼死亡之時，你會默默地為她獻上一個花圈，把她的名字刻在你的心碑上，悄然離去……」

理查和安妮相視而笑，他們互相問道：

「當我遠行時，你是笑還是哭？」

讀完故事，相信你已經能夠區分愛情與友情了吧？其實，還有一個區分愛情與友情的簡單方法，那就是愛情是單行道，不能回頭，而友情還可以回頭。

‥禪林清音‥

倚天照海花無數，流水山高心自知。

14. 翻牆的小和尚

禪院裡的小和尚最近老是不守寺院的清規，趁著晚上偷偷溜出去玩耍。老和尚聽周圍的居民反映了好幾次，終於也起了疑心，決定去查探個究竟。

又是一個月光如霜的晚上，老和尚悄悄地蹲在花叢中，一邊聽蟲兒蛙兒低聲鳴叫，一邊留神注意觀察禪院的那堵矮牆。

過了一會兒，一個賊頭賊腦的小和尚搬著把小椅子，悄沒聲地溜到牆角那兒。他看看四下沒人，就把椅子放在牆邊上，自己踏著椅子翻牆出去玩耍了。

老和尚從花叢那兒站起來，歎了口氣，心想我該怎麼處罰這個小傢伙呢？

終於他想出了一個好辦法，他逕自走到椅子那兒，坐到椅子上，等小和尚回來……

半個時辰過去了，小和尚也玩累了，就順著老路翻進牆來，踩著柔軟的椅子下來——奇怪，椅子今天怎麼這麼軟？小和尚仔細一看，嚇了一跳：原來自己踩的不是椅子，而是老和尚的脊背。小和尚嚇得全身發抖，不知道師父會怎麼懲罰他。

「天氣涼了，快點兒回去睡覺吧。」老和尚揉著脊背骨說，「年紀大了，不中用了啊！」

小和尚的臉馬上紅到了耳根子上，又羞又愧地跑回房了。

這件事很快就在禪院裡悄悄地傳開了，大家都很佩服老和尚的寬容海量，再也沒有人晚上翻牆出去玩耍了。

·道破禪機·

有些事不一定要說透

一般人覺得：遇到什麼矛盾，大家都打開天窗說亮話，說開了，諒解了，矛盾就解決了。但有時候，一些事說透了、說破了反而更不好解決。試想，老和尚要是在小和尚回來時把他抓個正著，第二天再在所有人面前把他數

落一頓，並給予一定的處罰，那個小和尚就真的能夠認錯、服氣了嗎？小和尚極有可能因為傷害自尊，破罐子破摔，鬧出更大的事端來。所以說：有些事不一定要說透，無聲的寬容或許是更好的辦法。

曾經有一對夫妻，兩人從大學時就相識，只不過丈夫先前談過一個女朋友，但人家後來出國了。無奈之下，遇到了現在的妻子，兩人感情漸漸變得很好，畢業後就與她結婚了，結婚多年來從未拌過嘴。

可是，丈夫犯下了一個許多男人都有的毛病，他總覺得得不到的才是最好的。於是，他總是對前女友念念不忘，並偷偷打聽人家的地址，給人家寫信。

這一切，忙碌的妻子起初並不知道。

這個丈夫的思維也很奇怪，覺得自己做了虧心事，別人也可能會做虧心事，畢竟人和人的本質是一樣的。漸漸地，他開始懷疑起妻子來，想看看她有沒有像自己一樣，背地裡也有什麼秘密。

經過一年的觀察，他覺得妻子的言行、行蹤都很規律，看不出有什麼不正常。唯一讓他好奇的是，妻子從去年以來，有一個抽屜一直是鎖著的，鑰匙也一直被妻子藏著，從未當著他的面打開過。丈夫也不好意思當面問妻子，他覺得自己有秘密，妻子有點小秘密也沒什麼。雖然這樣想，但總是按捺不住那顆好奇心。

終於有一次，妻子去外地出差了。丈夫實在忍不住，一種強烈的慾望驅使他想要知道箱子裡的秘密。他翻箱倒櫃終於找到了鑰匙，可是當他打開抽屜時，他卻愣住了。

裡面裝的全是退回來的信——他寫給從前的女友

的——都沒有拆封。他愣了半天，像突然明白了什麼，輕輕地把抽屜鎖好，把鑰匙放回原地。

他從此不再跟她提起抽屜的事情，也不再給前女友寫信了。

這位妻子真的很聰明，她居然想到了這種方式來對待老公的「精神出軌」，但事實證明她的做法是最有成效的。畢竟人的感情是無法控制的，一個人若是同床異夢，和一個人在一起心裡還想著另一個人，那肯定有想她的理由，如果強制他不去想，結果只會適得其反。而她這樣無聲無息地保守著丈夫心中的秘密，不說透、不爭吵，反而更讓丈夫汗顏。對比之下，丈夫才會覺得自己可笑、愚蠢，自然會斷了念想，也會更加珍惜眼前的妻子。

·· 禪林清音 ··

愛總在無聲無息的寬容中變得偉大。

15. 阿難取水

有一次，佛陀經過一片森林，那天烈日當空，特別熱，他覺得口渴，就告訴侍者阿難：「我們不久前曾跨過一條小溪，你回去到小溪幫我取一些水來。」

阿難回頭去找那條小溪，但小溪實在太小了，再加上有一些車子經過，溪水被弄得很污濁，不能喝了。

於是阿難又返回來告訴佛陀：「那小溪的水已變得很髒而不能喝了，我們繼續向前走，我知道有一條河離這兒才幾里路。」

佛陀說：「不，你還是回到剛才那條小溪去。」阿難表面遵從，但內心並不服氣，他認為水那麼髒，只是浪費時間白跑一趟。

他去往小溪的途中，自己就想：為什麼水渾濁了，師傅還要堅持要那裡的水？明明我就沒錯嘛。不行，我要去找師傅理論。走了一半路，又跑回來說：「您為什麼要堅持？」

佛陀不加解釋，語氣堅決地說：「你再去。」阿難覺得師傅好固執，但也只好遵從。

當他再來到那條溪流旁，那溪水就像它原來那麼清澈、純淨，泥沙已經流走了。阿難笑了，提著水跳著回來，拜在佛陀腳下說：「師父，您給我上了偉大的一課，沒有什麼東西是永恆的，只需要耐心。」

┌ ‥道破禪機‥ ┐

給愛多一點耐心

小溪裡的水變得渾濁時，雖然不可以喝，但人可以耐心地等待它自己變清澈、純淨。人在生氣的時候，容易與戀人發生爭執，與其大動干戈、甚至說分手，不如耐心地等雙方自己冷靜下來。

一對情侶在咖啡館裡發生了口角，互不相讓。然後，男孩憤然離去，只留下他的女友獨自垂淚。

心煩意亂的女孩攪動著面前的那杯清涼的檸檬茶，洩憤似的用匙子搗著杯中未去皮的新鮮檸檬片，檸檬片已被她搗得不成樣子，杯中的茶也泛起了一股檸檬皮的苦味。

女孩叫來侍者，要求換一杯剝掉皮的檸檬泡成的茶。

侍者看了一眼女孩，沒有說話，拿走那杯已被她攪得很混濁的茶，又端來一杯冰凍檸檬茶，只是茶裡的檸檬還是帶皮的。原本就心情不好的女孩更加惱火了，她又叫來侍者。「我說過，茶裡的檸檬要剝皮，你沒聽清嗎？」她斥責著侍者。

侍者看著她，他的眼睛清澈明亮，「小姐，請不要著急」，他說道，「你知道嗎，檸檬皮經過充分浸泡之後，它的苦味溶解於茶水之中，將是一種清爽甘甜的味道，正是現在的你所需要的。所以請不要急躁，不要想在3分鐘之內把檸檬的香味全部擠壓出來，那樣只會把茶攪得很混，把事情弄得一團糟。」

女孩愣了一下，心裡有一種被觸動的感覺，她望著侍者的眼睛，問道：「那麼，要多長時間才能把檸檬的香味發揮到極致呢？」

侍者笑了：「12個小時。12個小時之後檸檬就會把生命的精華全部釋放出來，你就可以得到一杯美味到極致的檸檬茶，但你要付出12個小時的忍耐和等待。」

侍者頓了頓，又說道：「其實不只是泡茶，生命中的任何煩惱，只要你肯付出12個小時忍耐和等待，就會發現，事情並不像你想像得那麼糟糕。」

女孩看著他：「你是在暗示我什麼嗎？」

侍者微笑：「我只是在教你怎樣泡製檸檬茶，隨便和你討論一下用泡茶的方法是不是也可以泡製出美味的人生。」侍者鞠躬，離去。

女孩面對一杯檸檬茶靜靜沉思。女孩回到家後自己

動手泡製了一杯檸檬茶，她把檸檬切成又圓又薄的小片，放進茶裡。女孩靜靜地看著杯中的檸檬片，她看到它們在呼吸，它們的每一個細胞都張開來，有晶瑩細密的水珠凝結著。她被感動了，她感到了檸檬的生命和靈魂在慢慢昇華，緩緩釋放。12個小時以後，她品嘗到了她有生以來從未喝過的最絕妙、最美味的檸檬茶。女孩明白了，這是因為檸檬的靈魂完全深入其中，才會有如此完美的滋味。

門鈴響起，女孩開門，看見男孩站在門外，懷裡的一大捧玫瑰嬌豔欲滴。「可以原諒我嗎？」他訥訥地問。

女孩笑了，她拉他進來，在他面前放了一杯檸檬茶。「讓我們做一個約定，」女孩說道，「以後，不管遇到多少煩惱，我們都不許發脾氣，定下心來想想這杯檸檬茶。」

「為什麼要想檸檬茶？」男孩困惑不解。

「因為，我們需要耐心等待12個小時。」後來，女孩將檸檬茶的秘訣運用到她生活中的各個層面，她的生命因此而快樂、生動和美麗。女孩恬靜地品嘗著檸檬茶的美妙滋味，品嘗著生命的美妙滋味。

許多的爭端、口角不是不能解決，而是因為沒有耐心，沒有給出彼此一段時間去恢復冷靜。若能在每次與愛人發生爭執時，給愛多一點耐心，這世上不就少了一些遺憾，多了一些幸福嗎？

┌∵∵禪林清音∵∵┐

愛是一粒種子，氣急敗壞的人等不到它破土發芽的那一天。

16. 佛桌上開花

太陽還未升起前，在廟前山門外凝滿露珠的春草裡跪著一個人：「師傅請原諒我。」

他是城中最風流的浪子，十年前，卻是廟裡的小和尚，極得方丈寵愛。方丈將其畢生所學全部傳授，希望他能成為佛門出色的弟子，但他卻在一夜間動了凡心，偷下山門。五光十色的都市迷亂了他的雙眼，從此花街柳巷，他只管放浪形骸。

夜夜都是春，卻也不是春。十年後的一個深夜，他突然驚醒，窗外月光如水，澄明清澈的灑在他的掌心。他突然深深懺悔，披衣而起，快馬加鞭趕往寺裡。

「師傅，你肯饒恕我，再收我做弟子嗎？」他懇求道。

方丈痛恨他的辜負，也深深厭惡他的放蕩，只是搖頭：「不，你罪孽深重，必墮阿鼻地獄。要想佛祖饒恕，除非……」方丈信手一指供桌，「連桌子也會開花。」

浪子失望地離開了。

第二天早上，當方丈踏進佛堂的時候，驚呆了：一夜之間，佛桌上開滿鮮豔的花朵，紅的，白的，每一朵都芳香逼人。

方丈在瞬間大徹大悟。他連忙下山尋找浪子，卻已經來不及了，心灰意冷的浪子又恢復了他原來的荒唐生活。而佛桌上開出的那些花朵，也只開放了短短一天。

原諒那顆悔改的心

放浪形骸的浪子十年夢醒，懺悔心切，感動得佛桌也開花，可見其心誠之至。可惜方丈不肯原諒，迫使他只得重返放浪生涯。在這世界上，沒有什麼歧途不可回頭，沒有什麼錯誤不可改正。一顆向善的真心，便是最罕有的奇蹟。只有原諒，才能讓他重歸正途。

一對男女能夠成為夫妻，已是千百年來的緣分造就。偶爾走入迷途，必有悔改之日，學會原諒那顆悔改的心，才能續上你們的緣分，不至於在餘生時光獨對明月嗟歎。

曾有一對同甘苦共患難的夫妻，他們歷經八年披荊斬棘，終於開創出一份自己的事業。收穫成功之餘，妻子又生下了一個兒子。如此幸福的家庭，引得周圍人十分豔羨。

丈夫是一個很能嚴於律己的人，有了錢以後也不賭不嫖。每天都在公司裡兢兢業業地打理著生意，每晚回家和老婆孩子一起進餐。在公司裡許多女人看來，老闆夫人簡直是天下最幸福的女人。

可是，妻子卻不滿足。她嫁給他時，看重他為人老實，儘管他只有國中學歷，而自己卻是大學畢業，這也沒有成為擇夫的障礙。

但當事業成功以後，她漸漸覺得他倆之所以取得今天的成就，更多是源自於自己的智慧和知識，而自己的丈夫

不過是一個來自鄉下的苦勞力罷了。

　　她還覺得，事業有成之後，丈夫應該變得有情調一點，和她一起享受悠閒般的生活才對。可是自己的丈夫還是那麼土，一點長進都沒有。每次帶他去喝咖啡，他還是喜歡加那麼多糖；帶他去打高爾夫球，丈夫只會在旁邊看她打；帶他逛街，丈夫還是老盯著那些打折的衣服看，從來不肯買件較貴的衣服……這一切原本她很欣賞的行為，如今卻總讓她覺得有失身份。

　　妻子的心理在一點點變化著，可那個忠誠甚至有點崇拜她的丈夫卻一點也沒察覺。

　　在丈夫身上得不到滿足，她開始把目光投向一個懂情調的男人。她利用丈夫工作的時間，以出去談業務為名，偷偷地與那人約會。有時甚至想出一些藉口去外地出差，繼續和那個懂情調的男人偷歡。

　　忠厚的丈夫從來沒有懷疑過她，只是每次在她外出時打個電話，囑咐她注意安全。

　　然而，突然有一天，那個男人自己找上門來，捧給她丈夫一些照片，上面全是一些偷歡的鏡頭。那個無恥的男人說：「你老婆打算和你離婚，理由是你們的感情已經破裂。」

　　丈夫看到那些照片，臉上的表情由驚訝轉為憤怒，他下意識地抓起身邊的煙灰缸向那個男人砸去，嚇得那個男人落荒而逃。

　　那個晚上，丈夫在一個旅館裡過夜，手機關機。

　　見丈夫老不回家，妻子開車到公司去找，當看到那些被丈夫撕碎的照片，她才明白那個男人是多麼可恥可恨。

　　那天晚上，妻子哭了一夜，也找了一夜，始終找不到丈夫的身影。

　　第二天，丈夫沒有去公司，他走路回了家。驚慌失措的妻子一個勁地跪著乞求他的原諒，說自己再也不敢這樣了，說什麼看透了那個男人有多麼卑鄙……

　　丈夫把昨天那個男人的話告訴了她後，平靜地說：「我知道自己不懂得什麼是浪漫和情調，我只懂得怎麼賺錢養家，讓你和孩子過上好日子。可能是我太土了，配不上你，你想離婚就離吧！如果你真的想跟我一起好好過，就不要再拿這個來傷害我了……」

　　她萬萬沒有想到，丈夫沒有恨她，反而老說自己的不好。雖然句句平凡，卻如刀一般刺痛了妻子的心，讓她的悔恨感越來越重。那一刻，她什麼也說不出，只是一個勁地抱著丈夫哭。

　　就這樣，一場風波過去了，妻子再也沒有嫌棄過丈夫，再也沒有過外遇，他們平淡地度過了餘生。

　　在現實生活中，外遇事件不知毀掉了多少幸福的家庭。但這個寬容的丈夫卻重新接納了妻子，這是怎樣一種寬廣的胸懷？比起原諒妻子的外遇，生活中縱使你的另一半犯下這樣、那樣的錯誤，只要他有一顆真誠悔改的心，又有什麼不可原諒呢？

　　∵·禪林清音·∵

　　心如大海無邊際，廣植淨蓮養身心。自有一雙無事手，爲做世間慈悲人。

17. 賣肉的胡三

一天，濟公隨處化緣，見一個賣狗肉的人在一個茅廁裡大解，肉挑子放在外面。濟公一看，不好，這茅廁馬上要倒，定會砸死這賣狗肉的，心想：這個人不應死，他可是天下第一的大孝子。

於是濟公走上前去，挑起肉擔就跑，口中還大叫：「這肉挑子沒人要，我擔回寺裡吃去。」那賣肉的一聽，提著褲子就追了出來，大叫：「和尚，別搶我的挑子！」還沒走幾步，那茅廁便「轟」地一聲塌了，賣肉的回頭一看，嚇傻了，心道：虧了這位和尚，若不然自己早死了。

濟公哈哈一笑，還給那賣肉的挑子，道：「大孝子，賣完肉快回家，老娘在掛念你呢。」

原來這賣肉的叫胡三，自幼便無父無母，已賣肉數年，住在錢塘門內。家中的母親是他妻子韓氏的母親。胡三為人性情最好生疑，時常在他岳母面前不孝。清早起來，他就跟岳母鬥嘴，說他岳母不知好歹。

他妻子韓氏是一位賢良婦人，時常勸他，說：「老娘這大年紀，你就不應該無事生非，惹老娘生氣。」胡三也就不言語，出去做買賣。

這天，胡三在家中煮肉，燒上鍋，叫韓氏看著，他出來買了一大一小一對母子狗。胡三用繩子把大狗一捆，扛著小狗，拉著大狗回家，到家把大狗攔在院中就走，進屋中拿了一把刀要殺狗。他把刀攔在院中，到屋內拿盆子出來，一瞧刀沒了。

胡三問他妻子：「你拿了刀去？」

韓氏說：「沒見。」

胡三一找，見小狗把刀銜走，藏在身底下，露出刀柄。胡三過來一腳踢開小狗，拿刀過來要宰大狗。小狗跑過來往大狗脖子上一趴，齜著牙瞪著胡三，眼淚一滴一滴往下落。胡三大嚷一聲，就把刀扔在地上，往屋中就跑，嚇得韓氏目瞪口呆，不知所因何故。

胡三愣了半天，自己想：「狗都知道身從何處來，何況我是個人。」便把大小狗放開說：「我也不殺你了。你母子願意在我這裡，我有食水餵養；不願在我這裡，任你自去。」

他到屋中給他岳母跪倒說：「孩兒我自己時常在你老人家面前無禮，罪該萬死。」

韓氏說：「只要你好好在老娘跟前盡孝，我們夫妻自有好處。」

胡三說：「我今日把這一鍋狗肉賣了，明天改行做個小本經營，這血盆子裡的買賣我不做了。」

他把狗肉挑著，到了外面。每日挑出來一賣就完，今日走在錢塘江大街玉皇閣照壁前，突然覺得腹中疼痛，便把肉擔兒放在道上，進茅廁大解，不料遇到牆倒，被濟公所救。

有人問：「為什麼這胡三，以前對老娘不敬不孝，而濟公卻稱他為大孝子呢？」

濟公說：「人善惡只在一念之間。這胡三，雖不孝母，一旦醒悟改悔，立志盡孝，乃一片至誠之心，並無半點虛浮之意，已朝著這一善念奔去，絕無反悔，先前所有

惡緣便全然消失，所以稱為天下第一大孝子。」

不要只孝敬親生父母

　　比爾・蓋茲在接受義大利《機會》記者採訪時，在回答「最不能等待的事情是什麼」時說：「天下最不能等待的事情莫過於孝敬父母！如果你有愛人，孝敬愛人的父母同樣不能等待！」

　　有一個哲人說過：「愛對方，也要愛對方的父母。如果沒有對方的父母，又怎麼會有你的另一半呢？」我們應該感謝「愛人」的父母養育了這麼好的兒子、女兒，並且滿懷慈祥地把他（她）交付給我們，讓我們一生相伴。

　　賣肉的胡三雖然自幼無父無母，卻在殺狗時醒悟改悔，以至誠之心孝敬岳母，撿回了一條性命。然而這世上有不少狹隘的人，每逢春節時，往往會偷偷地多塞給親生父母些錢或禮物，而對另一半的父母卻吝於孝敬。長此以往，雖然談不上遭惡報，但也會影響夫妻感情。

　　也許有的人覺得，愛丈夫或妻子容易，愛子女更容易，但要無私地愛丈夫或妻子的父母卻似乎很困難，這其實是一個心理層面的問題。

　　試想一下，一個連父母都不愛的人又如何去愛別人？每個人都沒有能力割捨另一個人的父母親情，因為割捨了親情的人就是一個不完整的人，誰又能夠讓一個不再完整的人陪你度過一個完整的人生呢？

　　父母辛辛苦苦把我們養大，如今他們老了，需要照

顧，他們沒有了工作的能力，沒有經濟來源，在結婚時，我們就應該考慮好如何贍養好雙方的父母，千萬不能結婚了就忘記了父母親。

如何與對方的父母相處，女性應注意處理好婆媳關係，婆媳不和會成為破壞夫妻感情的「惡性腫瘤」，對婚姻具有強大的殺傷力。當然，婆媳關係也是一本難念的經，各家有各家的難處。

下面有幾點建議，還是有一些參考價值的。

在許多現代家庭中往往是媳婦「執政」，理所當然，媳婦對婆媳關係負有首要責任。做媳婦的要注意尊重、關心婆婆，遇事多和老人商量，儘量做到經濟公開，並定期或不定期地給婆婆一些零用錢。每逢年節或婆婆生日，要記著給婆婆準備點禮物。平時媳婦給自己的母親送吃的、用的，最好也給婆婆準備一份。

同時，要照顧到老人的生理心理特點，經常做一些婆婆愛吃的食物，一家人同桌吃飯，要注意先把好菜夾給婆婆，不能只顧自己的孩子和丈夫。

要尊重、關心婆婆，還必須學會適應婆婆。有不少婆婆在思想上、生活上、習慣上難免會有一些她們那個時代的痕跡，而媳婦思想較新，常常不理解婆婆的習慣，所以一些舉動常會引起婆婆的反感，容易引起婆媳不和。

在這種情況下，媳婦要注意控制自己，儘量照顧老人的性情和習慣。只要不是什麼原則問題，就盡可能使自己的舉動適合老人的心意，必要時，甚至要迫使自己遷就老人的某些習慣。這樣，婆媳就會慢慢消除隔膜，關係也會越來越融洽。

　　男人要注意的是，給你父母的錢最好少於給她父母的。不要以為這樣很賠本，其實你這樣真心地對待她的母親，她對你的態度會更好，對你的父母也會更好的。

　　兩個人既然走進了同一扇門，就應該嘗試著把對方當成自己，把對方的親人當成自己的親人。愛有時就是一種默默的陪伴，如果愛他（她），就陪他（她）一起孝敬父母。

·禪林清音·

　　愛的深層境界乃是愛屋及烏。

18. 愛說實話的人

　　從前，有一個愛說老實話的人，什麼事情他都照實說，所以，他不管到哪兒，總是被人趕走。這樣，他變得一貧如洗，簡直無處棲身。最後，他來到一座廟裡，指望著能被收容進去。

　　廟裡的方丈見過他以後，問他：「從哪兒來？到這兒來幹什麼？為什麼窮到這種地步？」

　　他答道：「我很窮，我很不幸，因為我在任何時候都只說實話。就因為這個，我到哪兒都被人趕走。看來，誰都不喜歡愛說實話的人。」

　　「哎！」方丈說：「並不是所有的人都像你所見到的那樣。出家人不打誑語，並且尊重那些說實話的人。因此，我要把你留在我的寺院裡，你就在這兒呆著吧！什麼也用不著操心。」

　　就這樣，他在這個廟裡安頓了下來。

　　這座廟的規模很大，和尚們一直過著自耕自織、自給自足的生活。

　　廟裡裡有幾頭已經不頂用的牲口，方丈想把它們賣掉，可是他不敢派手下的什麼人到集市去，怕他們把賣牲口的錢偷偷買東西吃。於是，他就把誠實人叫來，交給他兩頭驢和一頭騾子，讓他牽到集市上去賣。

　　誠實人牽著驢和騾子來到集市上，站在那兒等著人來買這些牲口。過了一會兒，來了一些買主，他們問：「為什麼一頭驢的尾巴斷了？另一頭的毛又那麼禿？」誠實人回答：「尾巴斷了的這頭驢很懶，喜歡躺在稀泥裡。有一次，師兄們想把它從泥裡拽起來，一用勁，拽斷了尾巴；這頭禿驢特別倔，一步路也不想走，他們就抽它，因為抽得太多，毛都禿了；這頭騾子呢，是又老又瘸。」

　　買主們聽了這些話後，對他說：「這麼說，這些牲口不中用了，幹不了活了。」

　　誠實人答道：「如果幹得了活兒，方丈幹嗎要把它們賣掉啊？」結果，買主們聽了這些話就走了。很快，這些話在集市上一傳開，誰也不來買這些牲口了。

　　於是，誠實人到晚上又把它們趕回了寺廟裡。

　　方丈看到牲口沒有賣掉，就問他：「你為什麼把它們趕回來了？沒找到買主？」誠實人回答說：「有很多人來看過這些牲口，想買下它們。可是，在他們問我這些牲口有什麼缺陷時，我就跟他們說了實話。我說要是這些是好牲口的話，您就不會把它們賣掉了。」

　　方丈發著火對他說：「施主，那些把你趕走的人是對

的。不應該留你這樣的人！我雖然喜歡實話，可是，我卻不喜歡那些什麼事也幹不成的人！你中午可以再吃一頓齋飯，下午你愛上哪兒就上哪兒去吧！」

　　就這樣，誠實人又從廟裡被趕走了。

·道破禪機·

「謊言」也許會讓你們更恩愛

　　愛情雖然容不得半點虛偽與狡猾，但一切都像誠實人那樣如實說出，譬如說自己的老婆長得其實很一般，她又該作何感想，你們還能繼續恩愛下去嗎？因此，還是要適當肯定謊言的價值，尤其是那些善意的謊言，儘管誰聽來都有些「虛假」，但沒有人會拒絕。

　　在一次盛大的舞會上，實話先生見到一位風韻猶存的老女人，他向她行禮：「您使我想起您年輕的時候。」

　　老女人微笑著說：「怎麼樣？」

　　「很漂亮。」

　　「難道現在不漂亮嗎？」她帶著幾分戲謔問。

　　實話先生非常認真地說：「是的，比起你年輕的時候，你現在皮膚鬆弛，缺少光澤，還有皺紋。」

　　老女人臉一陣白一陣紅，尷尬地瞪著那雙微怒的眼，剛才的自信得意消失了。

　　這時，撒謊先生來到老女人面前，彬彬有禮地邀請老女人跳舞，說：「你是舞會上最漂亮的女人，如能接受我的邀請，我將是最幸福的人。」

　　老女人眼睛裡頓然閃出迷人的神采，伸出應允的

手。實話先生坐在一邊看著這對年齡不協調的舞伴。撒謊先生微笑著對老女人說了句什麼，她突然間萌發了青春活力，全身洋溢著生命的激情與魅力，舞跳得就像個年輕人，像個出色漂亮的年輕女郎。

舞會結束了。

實話先生叫住剛送走老女人的撒謊先生，問道：「跳舞時你對她說了什麼？」

「我對她說：『我愛你，你願意嫁給我嗎？』」

實話先生驚愕地瞪大眼睛，氣憤不已地說：「你又在撒謊了！你根本不會娶她！」

「沒錯，可是她很高興，難道你沒看見嗎？」

兩人爭執不下，各走東西。

沒多久，老女人病逝了。在葬禮中，兩人不期而遇。葬禮結束後，老女人的僕人將兩封信分別交給了實話先生和撒謊先生。

給實話先生的信寫道：「親愛的朋友，你是對的。衰老、死亡不可避免，但講出來卻雪上加霜，我將一生的日記贈送與你，那才是我的真實。」

給撒謊先生的信寫道：「我的朋友，非常感謝你的謊言。它讓我在臨終之時，感到生命如此美妙幸福，它化去了我心中厚重的雪霜，我又重新燃起了青春的火焰……我將我的遺產都贈送給你，請你用它去製造美麗的謊言吧！」

實話實說縱然可貴，但也不能不管什麼時候都說，根據情況適時說一些善意的謊言，不僅能增加對方的好感，還會增進你們的感情。一句話，謊言也許會讓你們更恩愛。

如果謊言帶來的不是傷害而是快樂，那麼還是多說一些為妙。

19. 給菩薩寫信

在谷地的一座小山包上，住著一戶人家。

站在山頂上，能望見山腳下的小河，望見畜欄邊上那塊玉米地。玉米在揚花結苞，地裡間種的豌豆也花開正茂——這可是莊稼人朝思夕盼的豐收前景呵！

這個時候，地裡最需要的莫過於水了，下一場大雨該多好呀，不然，下小陣雨也能給莊稼解解渴。老張大叔心疼莊稼，這天他整個早上都擱下活不幹，專門仔細地觀察東北方向天空上雲彩的變化。

「老婆子，我看這場雨可真的下定了。」

老婆子在忙著做飯，附和著說：「是要下雨了，那真是菩薩賜的福。」

果然，二十分鐘後，雨大滴大滴地下起來了。空氣也變得濕潤涼爽了。

老張大叔跑出屋外，跑到畜欄裡，似乎要找點什麼東西。其實，他什麼也沒找，而是想淋個痛快，使心裡更加舒暢。他返回屋裡。大聲說道：「老天爺給咱們下的不是雨，是一枚枚的硬幣，大的一元，小的五分……」

突然，狂風驟起，大塊大塊的冰雹夾雜著雨點從天空中傾瀉下來。晶瑩光潔的冰雹紛紛落下，這倒真的像天降

錢幣了。

「哎呀，糟糕！」老張大叔望著漫天冰雹，像挨了重重的一拳，立刻驚叫起來，「這冰雹不能再下了！」

然而，冰雹仍下個不停。它整整下了一個小時，把屋頂、菜園、山坡、田地都蓋滿了。整個山谷一片白茫茫的，彷彿鋪上了一層厚厚的白鹽。樹木被打成光禿禿的，一張葉子都不剩；地裡的玉米全給糟蹋了，豌豆花七零八落。

老張大叔傷心透了。冰雹過去後，他站在他那塊玉米地裡，對著孩子們唉聲歎氣地說：「如果遭的是蝗災，也不至於落到這個地步……這冰雹打得莊稼一棵不留！今年，我們連一粒玉米、一顆豆子也收不到了……」

黑夜降臨了，這是個多麼令人憂傷的夜晚啊！

「累死累活，顆粒無收！」

「沒有哪一個人能幫咱們的忙！」

「今年就等著挨餓了……」

在這間處於谷地深處的孤零零的屋子裡，人們心中只剩下唯一的希望：菩薩救救我。

「莊稼看來是沒有指望了，不過，咱們也不必太難過。別忘了，菩薩是不會讓咱們餓死的。」

希望之火在老張大叔的心中徹夜燃燒。他相信，菩薩的眼睛洞察一切，人們心裡想些什麼，菩薩也會知道。

於是，老張大叔立刻拿起筆來寫信，並準備親自拿信到城裡的郵局去投寄。

他寫的不是什麼別的信，而是一封寄給菩薩的信。

「菩薩，」他寫道，「如果您不搭救，我們全家今年

就要挨餓。我需要一千元錢買種子，買糧食，以便在地裡重新播種，維持生活，因為雹災……」

他在信封上只寫了三個字：「菩薩收。」他把信裝進信封以後，便帶著一種難以平靜的心情進城去了。到了郵局，他買了張郵票貼在信封上，把信投進郵箱裡。

郵局裡有個雇員，他既當郵差，又兼打雜。他從郵箱裡取出了那封寄給菩薩的信，被感動了，因為他也一直信佛。

為了不使老張這信仰的奇蹟幻滅，郵遞員心中升起了一個念頭：以菩薩的名義覆信。然而，他把信拆開一看，才知道要回覆這封信，不是費點紙張墨水、寫幾句好話就能把問題解決了的。不過，這位郵遞員是個意志堅強、絕不食言的人，既說覆信，就得覆信。

他拿出了自己的部分薪金。但是，他無法湊夠一千元這樣對當時來說的一大筆錢。他寄給老張的錢只有其所需數目的一半多一點。他把錢裝進信封，寫上收信人的姓名和地址，並寫了一封信。信上什麼話也沒有，只有一個簽名：菩薩。

幾天後，老張大叔急著打聽他的信件，早早就來到了郵局。把信交給他之後，郵遞員站在郵局門口的臺階上看著，心裡甜滋滋的——誰做了好事不感到愉快？

老張大叔對菩薩給他寄錢的事是深信不疑的，所以，當他看見信封裡裝有鈔票的時候，臉上一點驚異的表情也沒有。

等到數清了鈔票的數目，他竟生氣起來：難道連菩薩也出差錯，剋扣他所需要的金錢嗎？這是絕不可能的事！

老張大叔猛然轉身走到櫃檯前，要來紙張、筆墨，在那張公用寫字臺上把信紙一攤，又揮起筆來。他眉頭緊鎖，沉思默想，顯然是在搜索枯腸，尋找字句，來表達他那憤激的感情。

信一投進郵箱，郵遞員就走過去把它取了出來。信是這樣寫的：

菩薩：

我要的錢沒有如數收到，只收到七百元。請再寄三百元，我急需使用。下次付款切勿郵寄，因為郵局這幫傢伙都是盜賊，沒有一個好東西。

老張大叔從此再也沒有收到「菩薩」的回信。

·∴道破禪機∴·

感恩給過你愛的人

可悲的老張大叔收到錢不知感恩，反而猜疑給他寄錢的郵局，只得落得一個無助的下場。

在生活中，常有那種不懂得知恩圖報的人，特別是在愛情方面，認為別人愛自己，為自己付出是理所應當，而自己非但不感恩，還怪罪甚至傷害對方。這樣的人，無論何時，都不會得到真正的幸福。

從前有一位商人，他做完生意，準備走山路回家，卻不小心在山中迷失方向。當時下著雪，道路全被大雪淹沒，商人眼見回程的路已經斷絕，前進的道路也沒有了，他不知如何是好，便仰天大哭了起來。

山谷中有一株大旃檀樹，活了好幾百年，已經有神靈

了。樹神感受到那人的悲苦無助，於是對他說：

「這場雪還要下很久，你可以暫時留在樹洞裡，吃的東西我來想辦法，你住到明年春天再做打算吧！」

商人突然遇到救援，開心極了，於是便寄住在旃檀樹中，一直到第二年春天。

這天，商人告訴樹神：「我離開很久了，父母一定很掛念我，該是我回去的時候了。我在危難的時候受到您的恩惠，但是我窮困得無法報答，只希望能知道您的名字，讓我回去頌揚您的恩德。」

樹神回答：「我的名字你不用知道，你也不用報答我，自己一路上小心！」

商人又說：「我寄生在你的樹下將近一百天，連一點恩惠也無法回報，眼見馬上就要道別，心中實在非常抱歉，卻又無可奈何，只求知道您的名字！」

樹神看這個人情意真誠懇切，就告訴他：

「我就是旃檀樹。因為我的根、莖、葉可以治人百病，本身的香氣又可傳達千里，所以人們知道我在這裡以後，一定會貪心地來砍伐我。你千萬記住不要告訴別人我的名字及我所在的地方！」

商人說：「我一定不會說的！謝謝你這段時間的照顧。」

回到自己的國家後，商人聽到國王頭痛病發作，需要旃檀樹的葉子醫治。

國王懸賞說：「誰能夠找到旃檀樹的葉子，我立刻封他為萬戶侯，並且把心愛的女兒嫁給他。」

商人聽到這樣的重賞，心中起了貪念，完全把自己對

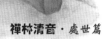

旃檀樹的承諾拋到腦後，他馬上跑到王宮對國王說：

「我知道旃檀樹在哪裡，我可以帶你們去。」

國王立刻派遣部下跟商人一同前去尋找旃檀樹。使者進入山中，看到雄偉茂盛的旃檀樹，真是世間罕見，心中實在不忍心砍伐，但是如果空手回去，一定會犯下違抗命令的罪名，於是在旃檀樹前面徘徊躊躇，不知該如何是好。

突然樹神說：「你就砍伐吧！只要留下樹根，用人血塗在我受傷的地方，再拿人的心肝覆蓋在我的傷口上，我自然會重新復活。」

使者聽到樹神這麼說，便開始叫工匠砍伐。樹枝被利斧一根根砍倒，紛紛散落在地上。這時，在一旁觀看的商人一不小心被樹枝絆倒，跌在旃檀樹的斷枝上，枝幹刺入他的身體，使他當場死亡，血流滿地。

使者看到這種情況，和左右的工人商量：

「剛剛樹神說要用人血塗在樹受傷的地方，還要覆蓋人的心肝。我本來還在擔心不知道人血與心肝要如何取得，現在既然這個人死在這裡，我們就用他的鮮血和心肝讓樹神復活吧！」

於是使者照樹神的指示去做，一轉眼旃檀樹立刻復活，長出新芽。

在愛情生活中，得到別人的愛與幫助，是一件非常值得慶幸和幸福的事，即使有時候，你沒有能力給予對方同樣的回報，也不要忘記感恩對方。貪婪是魔鬼，它只會用最美麗的幻夢將你帶入不幸中的不幸。

陽光的明媚，帶給你光明和溫暖。濃濃的愛意，讓你體會幸福的滋味。

20. 不平衡國的故事

某個國家有一個相當奇特的特性——人民就如國名一樣，這裡的人們幾乎都喪失了平衡感。

其實喪失平衡感似乎不是那麼嚴重，但是這裡的人不只是身體無法平衡地走路，連心理也常因為失去平衡而互相衝突。在不平衡國裡，人跟人相處永遠像是歪向一邊的天平，這也是每一屆國王都感到苦惱的問題。

「不平衡國」的歷屆國王，都是以傳統的選拔方式選出來的。這個選拔方式是在兩個懸崖中間搭起鋼索，只要能走過去的人就可以被選為國王。而在最近的日子裡，國內上上下下都彌漫著一股特別的氣氛，因為五年一度的選拔將在十天之後展開！

其實對於這件事，國內的人個個都懷著不同的心態：有的人積極想當上國王，所以興奮地爭取名額；有的人則害怕得要死，因為，一走上鋼索，不是走了過去，就是掉到深不見底的斷崖下。並且，按照傳統，每個城鎮都必須派出一位代表出席選拔。

規定的日期到了，每個城鎮都按時派出了一位代表，只有一個城一直找不到適合的人選，人們既不想冒死貪那個王位，也不願意嘗試。最後，大家在商討時想到一個

人——隋亦——不是因為這個人很會走鋼索，而是那個人容易被說服。

在名單確認之後，各方人馬開始展開如火如荼的訓練和練習。有的人在自己搭設的鋼索下擺設鋼釘床，以警惕自己即便是練習也不能疏忽；有的人則是在鋼索下放彈簧軟墊，讓自己不會在練習時受傷；然而，隋亦從開始就完全沒有任何的訓練或練習，反而照常過他本來的生活。

十天下來，參選的人死的死，傷的傷，最後只剩下三位，其中的一位即是隋亦——他這一個月什麼都沒做。

選拔的日子終於到了，抽了順序簽，隋亦是最後一個上場的。

緊張的時刻終於到來了，三個人的臉有了截然不同的風景：一個自信，因為經過了無數次失敗跌在軟墊上的訓練，他想這一次一定可以走過去；另一個擔心，他生怕自己就這樣把命丟了；而隋亦呢？從清晨一早起來便如往常一樣，喝了杯茶就悠閒地走到選拔場就位，坐著等待，又請旁邊的人替他倒杯熱茶。

旁人不免有疑，他怎能這樣悠閒？

他說：「我知道得很清楚，我對走鋼索一竅不通，一時也無法做任何努力，所以幾乎可以確定的是——我將會死。那麼，為什麼我不睡好一點？為什麼不如往常一般的自在呢？死亡是這麼確定的事了，為什麼還要去麻煩自己呢？」

終於輪到他上場了，他走在非常細的鋼索上……

現場的人看傻了眼，他走得非常好！

沒有人敢相信，就連平日素有訓練的人也在一旁看

呆了，他們直說這一段實在是不好走，太長，能成功的幾率太小、危險度也太高了！只要走錯一步，稍有一點不平衡，死亡之手就會在下面接住你的……

　　然而，隋亦走到對面時，自己也嚇了一跳，他也沒料到自己竟然可以走過來。就這樣，隋亦即將成為不平衡國的新任國王。結束的時候，早就有一堆等著參加下一次選拔的人排好隊，等著請教他走鋼索的技巧，希望他能夠傳授一些秘訣。

　　他說：「隨意就行了！如果要我說個方式也很難！我只知道剛剛那樣的感覺，就如同自己在生活中學習平衡一般：永遠不要流於極端。當我略偏左邊的時候，我就馬上向右邊靠來平衡自己，其他的我什麼都沒做，也什麼都不會做。不過，我所說的這個方法，對你們不會有太大幫助，因為這不是說了馬上就可以學習到、體會得到的。但是，如果你們也能嘗試用這種方式來生活，很自然地，當你走到那一扇門前，你不用敲門，它自然就會為你而開。」

‥道破禪機‥

隨意才有得意人生

　　隨意是相對刻意而言的。刻意往往意味著迫於某種意志而努力去做一些事，而不是出自自己內心的意願，這樣很容易讓你的潛意識與意志打架，自然會讓你發揮失常，結果反而不如隨意更容易成功，這也是那個人走過鋼索的秘訣。

隨意是一種隨緣心態，遵從自然的狀態，順應自然而動。看似有些消極，其實蘊藏著極高明的人生智慧。人生來就有許多慾望，吃、穿、住、用、行、金錢、榮譽以及愛情，無論哪一樣都是人們所想要的。隨意的人想要而不強求，隨意去做好，卻不計較得失，心中泰然而得意。而刻意的人，往往努力去搶，搶到了欣喜若狂，失去了又痛苦不堪，一生都掙扎在刻意之中。

隨意的人在愛情到來之前，不會急躁、不會迷茫，不會奢求，亦不會隨便湊合，他相信命中自有安排，太多地尋覓與追求只會讓自己迷失，錯過原本註定的姻緣。

當愛情來時，他沒有那麼多的要求和標準，只要對上眼，對上了感覺，便悉心去愛，愛得真真切切，愛得快意人生。

當愛情離開時，他不會後悔沒好好愛過，也不會怪責戀人，他接受相忘於江湖，他相信命中自有安排，太多的痛苦與沉迷只會讓自己錯過下一站的幸福。

當下一站的愛情到來時，他比上一次能夠更好地適應，能夠避免上次犯下的錯，能夠平息負面的情緒，但那些根本無需刻意，只要隨意即可。

隨意的人走進婚姻時，不會左右猶豫，不會苛責對方，不會衝昏頭腦，不會得意忘形，他依然相信命中自有安排。

在漫長的婚姻生活中，他不會因情感間歇而覺得枯燥，因為他早已料到有這一天，因此他能笑對平淡，笑對柴米油鹽，笑對兒女的責任。

當曖昧靠近隨意的人時，他很清楚利弊的權衡，他會

隨意地避開，不留戀，不惋惜，因為他相信這依然是最好的安排。

當年老的時候，隨意的人開始安度晚年，在回憶與餘年之間做些曾經想做，但因為家庭的責任而沒能去做的事，哪怕只是種花、除草，他都覺得幸福。

這就是隨意的人生，也是得意的人生。

禪林清音

如果你不貪求、不佔有、不執取、不逃避，貧則安貧樂道，富則好施濟人，那就是喜悅。

格 言

　　決定你幸福或不幸福的，不在於你有什麼，或你是誰，或你在什麼地方，或你正在做什麼，而是你怎麼想。

　　人生就像一盒巧克力，你永遠不知道會吃到什麼口味，每天都要吃點苦的東西，以免忘記苦味。

第二篇 禪與工作

1. 事事煩惱

小和尚凡了什麼事情都發愁。他之所以憂慮，是因為覺得自己太瘦了；他還總是很擔心自己給別人留下不好的印象；他很擔憂，因為他覺得自己得了胃病，無法讀經書……

凡了決定到九華山去旅行，希望換個環境能夠對他有所幫助。他上路前，師父交給他一封信，並告訴他等到了九華山之後再打開看。

凡了到九華山後覺得比在自己的廟裡更難過，因此，他拆開那封信，看看師父寫的是什麼。

師父在信上寫道：「徒兒，你現在離咱們的寺廟三百多里，但你並不覺得有什麼不一樣，對不對？我知道你不會覺得有什麼不同，因為你還帶著你的所有麻煩的根源——也就是你自己。無論你的身體或是你的精神，都沒有什麼毛病，因為並不是你所遇到的環境使你受到挫折，而是由於你對各種情況的想像。總之，一個人心裡想什麼，他就會成為什麼樣子。當你瞭解這一點以後，就回來吧，因為那樣你就醫好了。」

他師父的信使他非常生氣，凡了覺得自己需要的是同

情，而不是教訓。

當時，他氣得馬上決定永遠不回自己的廟了。那天晚上，經過一座小廟，因為沒有別的地方好去，凡了就進去和一位老和尚聊了一個時辰。老和尚反覆強調的是：「能征服精神的人，強過能攻城占地的。」

凡了坐在蒲團上，聆聽著老和尚的教誨，聽到和他師父同樣的想法，這一來就把他腦子裡所有的胡思亂想一掃而空了。

凡了覺得自己第一次能夠很清楚而理智地思考，並發現自己真的是一個傻瓜——他曾想改變這個世界和全世界上所有的人，而唯一真正需要改變的，只是自己的心態。

第二天清早，凡了就收拾行囊回廟裡去了。從此，他就平靜而愉快地讀起了經書。

∴道破禪機∴

營造快樂的心境

事事煩惱的凡了一直不開心，對什麼都發愁，一直奢望改變環境，幾經曲折才明白：唯一需要改變的是自己的心態。這個道理雖然很淺顯，可有誰敢說自己從沒抱怨過環境呢？

職場中人無不希望自己每天都快快樂樂、專注高效地工作，但總是受環境左右難以實現。如果抱怨環境，只會帶來更壞的心情，壞心情會讓你更無法專心工作；既然無力改變環境，那就該像凡了一樣朝著改變心態的方向努力。

　　若要真正改變自己的心態還要明白一個簡單的道理——所有事物像硬幣一樣，都有兩個面。我們不能光看到它壞的一面，還要看到它好的一面。為了營造快樂的心境，還應習慣於看到工作環境中好的一面，而盡可能忽略其不好的一面。

　　偉大的先哲蘇格拉底就是這樣快樂地生活的。

　　當蘇格拉底還是單身漢的時候，原本和幾個朋友一起住在一間只有七八平方米的房間裡，他一天到晚總是樂呵呵的。

　　有人問他：「那麼多人擠在一起，連轉個身都困難，有什麼可樂的？」

　　蘇格拉底說：「朋友們在一塊兒，隨時都可以交換思想，交流感情，這難道不是很值得高興的事兒嗎？」

　　過了一段日子，朋友們一個個相繼成了家，先後搬了出去，屋子裡只剩下了蘇格拉底一個人。每天，他仍然很快活。

　　那人又問：「你一個人孤孤單單，有什麼好高興的？」蘇格拉底說：「我有很多書哇，一本書就是一個老師，和這麼多老師在一起，時時刻刻都可以向它們請教，這怎不令人高興呢！」

　　幾年後，蘇格拉底也成了家，搬進了一座大樓裡。這座大樓有七層，他的家在最底層。底層在這座樓裡是最差的，不安靜，不安全，也不衛生，上面老是往下面潑污水，丟死老鼠、破鞋子、臭襪子等雜七雜八的髒東西。那人見他還是一副喜氣洋洋的樣子，好奇地問：「你住這樣的房間，也感到高興嗎？」

「是呀！」蘇格拉底喜不自禁地說，「你不知道住一樓有多少妙處啊！比如，進門就是家，不用爬很高的樓梯；搬東西方便，不必花很大的勁兒；朋友來訪容易，用不著一層樓一層樓地去叩問……特別讓我滿意的是，可以在空地上養一叢一叢的花，種一畦一畦的菜，這些樂趣呀，沒法兒說！」

過了一年，蘇格拉底把一層的房間讓給了一位朋友，這位朋友家有一個偏癱的老人，上下樓很不方便，他搬到了樓房的最高層——第七層，每天，他仍是快快樂樂。那人揶揄地問：「先生，住七層樓有哪些好處？」

蘇格拉底說：「好處多哩！僅舉幾例吧，每天上下幾次，這是很好的鍛鍊機會，有利於身體健康；光線好，看書寫文章不傷眼睛；沒有人在頭頂干擾，白天黑夜都非常安靜。」

後來，那人遇到蘇格拉底的學生柏拉圖，問他：「你的老師總是那麼快快樂樂，可是我卻感到，他每次所處的環境並不那麼好呀？」柏拉圖說：「決定一個人心情的，不在於環境，而在於心境。」

柏拉圖的回答一語中的，蘇格拉底的快樂源於他總是從好的一面去欣賞事物，從而營造了快樂的心境。如果你也因工作環境而煩惱的話，不妨學學蘇格拉底去營造自己快樂的心境吧！

·:禪林清音:·

如果你不給自己煩惱，別人也永遠不可能給你煩惱。

2. 地獄的生活

一個小和尚整天念經念煩了。

這天夜裡，他做了一個奇怪的夢。他夢見自己在去閻羅殿的路上，看見一座金碧輝煌的宮殿，宮殿的主人請求他留下來居住。

小和尚說：「我天天忙於念經和學習佛法，現在只想吃，想睡，我討厭看書。」

宮殿主人答道：「若是這樣，那麼世界上再也沒有比這裡更適合你居住的了。我這裡有豐富的食物，你想吃什麼就吃什麼，不會有人來阻止你；我這裡有舒服的床鋪，你想睡多久就睡多久，不會有人來打擾你；而且，我保證沒有經書給你看，也沒有任何佛法要你領悟。」

於是，小和尚高高興興地住了下來。

開始的一段日子，小和尚吃了睡，睡了吃，感到非常快樂。漸漸地，他感覺有點寂寞和空虛，於是就去見宮殿主人，抱怨道：「這種每天吃吃睡睡的日子過久了也沒有意思，我對這種生活已經提不起一點興趣了。你能否給我找來幾本經書，給我講幾個佛祖的故事？」

宮殿的主人答道：「對不起，我們這裡從來就不曾有過這樣的事。」

又過了幾個月，小和尚實在忍不住了，又去見宮殿的主人：「這種日子我實在受不了。如果你不給我經書，我聽不到佛法，我寧願去下地獄，也不要再住在這裡了。」

宮殿的主人輕蔑地笑了：「你認為這裡是天堂嗎？這

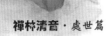

裡本來就是地獄啊！」

╔═══════╗
＊道破禪機＊
╚═══════╝

享受工作，享受生活

生活中，總有一些自認為很「辛苦」的上班族，每天清晨，揉揉眼睛擠進捷運裡，開始新的一天；到了公司，迷上一會兒回籠覺，才把昨天未完成的工作拿出來，不緊不慢地晃悠到中午吃飯；下午沒事可做了，就在網上瀏覽會兒新聞或者玩會兒遊戲；有時老闆突然交代了新任務，便以各種理由說自己很忙，推脫給別人，實在不行才很無奈地接下來。

一年下來，工作平平，不突出也沒落後，展望工作前景時，就安慰自己：「先混吧，等以後有機會再跳槽進個更好的公司，等股票啥時候賺了，或者中了彩票什麼的，就辭職下海當老闆去嘍。」

其實，這類人和討厭念經的小和尚差不多，每天的生活如同煉獄，什麼也不想幹，煩惱於必須要做的事，還老幻想著未來能過上只要吃吃睡睡什麼也不用幹的生活。誰都知道，持這種態度的員工以後無論走到哪裡都不會受歡迎的，要想取得事業上的成功更是癡人說夢。

有人說生活是一面鏡子，你對它笑它也對你笑，你對它哭它也對你哭。而工作又何嘗不是一面鏡子呢，你越是討厭工作，就越覺得它枯燥乏味；相反的，你越是樂意工作，就越能發現工作中的樂趣；越是著迷於工作的樂趣，就越容易取得成功，從而擁有一種充實感和成就感。

　　小張畢業找工作時遇到很大的困難，一方面自己不是就讀於一流大學，上學時沉溺於網路遊戲，勉強修夠學分才畢業，自信心不足；另一方面近幾年大學生越來越多，就業壓力本身就很大。

　　就業難曾使小張一度灰心喪氣，但他後來振作起來，堅信「過去不代表未來」，痛改前非，並以試用期無報酬的條件加入了一家物流公司。

　　在這家公司裡，小張不再混日子，而是對工作認真負責，積極地學習經驗，真誠對待每一位客戶，很順利地通過了試用期。

　　只是，一些老同事仗著資格老，經常挑肥揀瘦，把那些麻煩的客戶都推給小張，說是年輕人要多鍛鍊。小張沒有埋怨，他耐心地從這些客戶身上總結出他們的擔憂和對物流的新要求，認真地記錄在工作日記上。

　　一年下來，小張的業務量沒有其他同事大，獎金也是拿得最少的。

　　在年終報告會上，面對著許多上司，小張將根據這一年來的工作日記整理成一篇客戶需求報告提交了上去，對公司的發展提出了自己的建議和看法。當時，許多經理和同事都覺得現在公司能賺錢就行，這個新手考慮的問題有些過頭了，但這篇報告卻引起了董事長的注意，會後他單獨留小張談話。

　　透過那次談話，董事長意外地找到了公司發展思路的切入點，很是高興。

　　談完正事，他又問了小張一句：「你是怎麼想到了總結客戶的需求呢？做這些事情會不會很枯燥？」

　　小張靦腆地笑了一下，說：

　　「上大學的時候，就愛玩網路遊戲，每個遊戲裡都有一些秘笈和機關，為了能讓大家玩得更好，我經常在論壇裡發表一些自己玩遊戲的心得體會，所以我習慣於總結一些東西。在工作中，我發現那些在其他同事看來很麻煩的客戶，他們所擔憂的事情和提出的高要求，我們公司還沒能做到。但公司要發展壯大，就應該從他們的需求著手，爭取在激烈的競爭中留住到這些客戶。所以，我想到了作一個總結，一方面好讓領導們能夠重視這個問題，並作為決策的參考；另一方面對客戶也是一種負責。對我而言，愛總結是性格使然，做的時候還是饒有趣味的，況且，您這麼重視這份報告。」

　　董事長滿意地點了點頭：「你這是在享受工作啊！我也該向你學習才是。」

　　接下來的閒聊中，董事長又瞭解到他當時是以無報酬的條件加入公司的，更加覺得他是個人才，最終決定讓小張當自己的秘書，可不必負責具體工作，專門整理客戶的需求報告，直接向自己彙報，好讓他既從宏觀上又從細節上把握公司發展的新方向。就這樣，小張的工作上了一個新臺階。

　　在我們的職場生活中，許多人都未能找到工作的樂趣，經常以被動的情緒面對工作。其實，只要你稍一用心，就會發現你的工作中也有許多樂趣。讓自己融入到工作的樂趣當中，不僅每天享受工作，享受生活，還能使自己早日成功，實現人生價值。

·∵禪林清音·∵

修行是點滴的工夫，工作是生命的幸福。

3. 摔跤手大波

在日本的明治初期，有一位著名的摔跤手，名叫大波。他不但體格強壯，且精於摔跤之道。在私下較量時，連他的老師也不是他的對手；但在公開表演時，他卻靦腆得連他的徒弟也可將其擊敗。

大波覺得他應該去求教一位禪師，當時的遊方禪者白隱恰好在附近的一座小廟中歇腳，於是他便前去叩見，說出了他的問題。

「你的名字叫大波，」這位禪師指示說，「那麼，今晚就在這座廟中過夜吧。想像你就是那種巨大的波濤，已非一個怯場的摔跤手，而是那橫掃一切、吞噬一切的狂濤巨浪。你只要如此去做，不久就會成為全日本最偉大的摔跤家了。」

禪師說完就休息去了。大波開始打坐，嘗試將自己想像成巨浪。起初，他雜念紛飛，想了許多別的事物；但不久之後，他對波浪愈來愈有感應了，夜愈深而波浪愈來愈大。波浪捲走了瓶中的花卉，甚至連佛堂中的佛像也被淹沒了。黎明尚未來到，只見海潮騰湧，廟也不見了。

到了天明，禪師發現大波仍在打坐，微笑著拍了拍這位摔跤家的肩膀，說：「現在，什麼也不能煩惱你了，你可以橫掃一切了。」

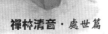

這天大波參加摔跤比賽，大勝而回。自此以後，全日本再也沒有人可以把他擊敗了。

·道破禪機··

用暗示給自己打氣

摔跤手大波是一個具備實力而信心不足的典型，而禪師之所以能在一夜之間，讓他對自己充滿信心，無疑是運用了心理暗示的神奇力量。

心理暗示對於懂得運用的人來說非常簡單，但不曾體驗過的人，還是容易摸不著頭腦。

在故事中，禪師給大波的指示「想像你就是那種巨大的波濤，已非一個怯場的摔跤手，而是那橫掃一切、吞噬一切的狂濤巨浪」，便是運用心理暗示的方法。

其實，心理暗示一點也不深奧難懂，更不是故弄玄虛，它是讓你運用想像的力量在自己的潛意識中樹立一個極好的自我形象，潛意識會自動發揮神奇的作用，影響你的舉手投足，讓你擁有信心飽滿的感覺，從而讓你的狀態達到最佳。為了更好地認識心理暗示的力量，請接著看下面兩則小故事。

三國時，曹操的部隊在行軍路上，由於天氣炎熱，士兵都口乾舌燥，行軍速度明顯變慢，有幾個體弱的士兵竟然體力不支暈倒在道旁。曹操見此情景，大聲對士兵說：「前面有梅林。」士兵一聽精神大振，口生唾液，加快了行軍步伐。曹操就是巧妙地運用了「望梅止渴」的暗示，來鼓舞士氣。

在很久以前的一個部落，有一個傳統：那裡的青年人想結婚，先要學會捕捉牛的技術，捉了足夠的牛作為聘禮，送給女家，才可以成家立室。最少的聘禮是一頭牛，最高是九頭牛。

這個部落酋長有兩個女兒。有一天，一個青年走到酋長的面前，說愛上了他的大女兒，願意以九頭牛作為聘禮迎娶她。酋長聽了之後，大吃一驚，忙說：「九頭牛的價值太高了，大女兒不值，不如改娶小女兒吧，小女兒值九頭牛。」可是這位青年堅持要娶酋長的大女兒，酋長終於答應了他，這件事轟動了整個部落。

一年後的一天，酋長經過這位青年的家，看見他家正舉行晚會，一大群人圍成圓圈，正欣賞一位美麗的女郎載歌載舞。酋長十分奇怪，去問那位青年這個女郎是什麼人。「怎麼酋長會不認識呢？」年輕人回答，「她就是酋長您的大女兒啊！」

年輕人以「九頭牛」的價值對待他迎娶回來的妻子，同時酋長的大女兒也確信自己的價值是最高的「九頭牛」的時候，她便發生了脫胎換骨的變化。

讀完這則小故事，相信你一定對心理暗示有了更清楚的認識。

其實，在我們的職場中有很多像大波一樣的人，能力很突出，但就是自信心不足，關鍵時刻容易怯場，導致能力發揮不出來，如此惡性循環幾次，那些本來具備實力的人，反而對自己更沒信心了。

如果你有一個很好的工作氛圍，同事領導都會給你鼓勵，讓你在無形之中接受了他人的積極暗示，再加上積極

地自我暗示，相信你一定會很快脫穎而出的。

如果你身處的環境不好，周圍多是冷眼旁觀的人，也不要氣餒，這時，你只需要積極地自我暗示，對自己充滿信心，努力工作，用事實說話，相信他們一定會對你另眼相看的。

┌───禪林清音───┐

心花開放時，處處皆是春。

4. 小徒弟練棍

三更了，深遠禪師發現小徒弟還在練棍，便問：「徒兒，這麼晚了，你怎麼還不休息？」

小和尚答道：「師父，我想打敗師兄。」

深遠禪師說：「你師兄的悟性頗高，入門又比你早，他的武術境界你恐怕難以企及。」

小陽尚說：「師父，我想，只要有恒心，苦練習，我一定能夠超過師兄的。」

深遠禪師搖了搖頭，給徒弟講了這樣一個故事：

一天，烏龜與兔子相遇於草場上，烏龜誇讚自己的恒心，說兔子不能吃苦，只會跳躍尋樂，長此以往，將來必無好結果，兔子笑而不辯。

「多辯無益。」兔子說，「我們來賽跑，好不好？就請狐狸大哥做評判員。」

「好。」烏龜不自量力地說。

於是烏龜動身了，四隻腳做八隻腳地跑了一刻鐘，只

有三丈餘。兔子不耐煩了，有點懊悔：「這樣跑法，可不要跑到黃昏嗎？我一天寶貴的光陰，都犧牲了。」

於是，兔子利用這些光陰，去吃野草，隨興所至，極其快樂。

烏龜卻在心裡說：「我會吃苦，我有恒心，總會跑到。」

到了午後，烏龜已精疲力竭了，走到陰涼之地，很想打一下盹兒，養養精神，但是一想晝寢是不道德的行為，又奮勉前進。烏龜龜殼既重，龜頭又小，五尺以外的平地，便看不見，它有點頭暈眼花了。

這時的兔子，因為能隨興所至，越跑越有趣，越有趣越精神，已經趕到離路半里許的河邊樹下。它看見風景清幽，也就順便打個盹兒，醒後精神百倍，卻把賽跑之事完全丟在腦後。

在這正愁無事可做之時，看見前邊一隻松鼠跑過，認為是怪物，一定要去追上它，看看它尾巴到底有多大，可以回去告訴母親，於是它開步便追。松鼠見它追，便開步跑，奔來跑去，忽然松鼠跳上一棵大樹。

兔子正在樹下翹首高望之時，忽然聽見背後有聲音：「兔弟弟，你奪得冠軍了！」

兔子回頭一看，原來是評判員狐狸大哥，而那棵樹，也就是它們賽跑的終點。

那隻烏龜呢，因為它想吃苦，還在半里外匍匐而行。

講完了故事，深遠禪師說：「出家人首先要捨棄的是執著心，這不是讓你不思進取，虛度時光，而是讓你量力

而行，保持心態的平和。」

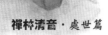

以平和心進取

有恒心、肯吃苦的小和尚為了打敗師兄，三更天仍在苦練，在他看來，自己一定能成功，然而深遠禪師卻用兔龜賽跑的故事點撥他：「要捨棄執著心，保持平和的心態，量力而行。」

這句話是在告誡人們，不要為了某種仇恨、刺激或奢望而定下遙不可及的虛妄目標，那樣，你會像烏龜一樣，吃盡苦頭也只能匍匐前行。

當然，進取心是要有的，但凡事要量力而行，以平和心進取，如此一來你會像兔子一樣，在樂趣中前進，在樂趣中成功。

這種一反傳統刻苦進取的觀念，也許在你聽來有些不可信，但當你讀完下面這則故事後，你會發現，成功原來只是水到渠成。

1965年，一位韓國學生到劍橋大學主修心理學。在喝下午茶的時候，他常到學校的咖啡廳或茶座聽一些成功人士聊天。

這些成功人士包括諾貝爾獎獲得者、某些領域的學術權威和一些創造了經濟神話的人。這些人幽默風趣，舉重若輕，把自己的成功都看得非常自然和順理成章。

時間長了，他發現，在國內時，他被一些成功人士欺騙了。那些人為了讓正在創業的人知難而退，普遍把自己

的創業艱辛誇大了，也就是說，他們在用自己的成功經歷嚇唬那些還沒有取得成功的人。

作為心理系的學生，他認為很有必要對韓國成功人士的心態加以研究。1970年，他把《成功並不像你想像的那麼難》作為畢業論文，提交給現代經濟心理學的創始人威爾·佈雷登教授。

佈雷登教授讀後，大為驚喜，他認為這是個新發現，這種現象雖然在東方甚至在世界各地普遍存在，但此前還沒有一個人大膽地提出來並加以研究。

驚喜之餘，他寫信給他的劍橋校友——當時正坐在韓國政壇第一把交椅上的人——朴正熙，他在信中說：「我不敢說這部著作對你有多大的幫助，但我敢肯定它比你的任何一個政令都能產生震動。」

後來這本書果然伴隨著韓國的經濟起飛了。這本書鼓舞了許多人，因為它從一個新的角度告訴人們，成功與「勞其筋骨，餓其體膚」、「三更燈火五更雞」、「頭懸樑，錐刺股」沒有必然的關聯；只要你對某一事業感興趣，長久地堅持下去就會成功，因為上帝賦予你的時間和智慧夠你圓滿做完一件事情。

後來，這位青年也獲得了成功，他成了韓國泛業汽車公司的總裁。

這個事例難道不是再次證明了，像兔子一樣賽跑，以平和心進取，在樂趣中前進，在樂趣中一樣能成功嗎？

建議職場中的你，能以平和心進取，讓自己在享受工作樂趣中步步前進吧！

心態平和，成功就會水到渠成。

5. 兩個瞎和尚

　　從前，有一老一小兩個相依為命的瞎和尚，每日裡靠彈琴賣藝維持生活。一天，老和尚終於支撐不住，病倒了。他自知不久將離開人世，便把小和尚叫到床頭，緊緊拉著小和尚的手，吃力地說：「孩子，我這裡有個秘方，這個秘方可以使你重見光明。我把它藏在琴裡面了，但你千萬記住，你必須在彈斷第一千根琴弦的時候才能把它取出來，否則，你是不會看見光明的。」小和尚流著眼淚答應了師父，老和尚含笑離去。

　　一天又一天，一年又一年，小和尚用心記著師父的遺囑，不停地彈啊彈，將一根根彈斷的琴弦收藏著，銘記在心。當他彈斷第一千根琴弦的時候，當年那個弱不禁風的少年小瞎子已到垂暮之年，變成一位飽經滄桑的老和尚。他按捺不住內心的喜悅，雙手顫抖著，慢慢地打開琴盒，取出秘方。

　　然而，別人告訴他，那是一張白紙，上面什麼都沒有。

　　淚水滴落在紙上，但他卻笑了。

　　老和尚騙了小和尚？

　　這位過去的小瞎子如今的老瞎子，拿著一張什麼都沒有的白紙，為什麼反倒笑了？

　　就在拿出「秘方」的那一瞬間，他突然明白了師父

的用心，雖然是一張白紙，但卻是一個沒有寫字的秘方，一個難以竊取的秘方。只有他，從小到老彈斷一千根琴弦後，才能了悟這無字秘方的真諦。

完美源於實踐

小和尚為了看見光明，謹遵老和尚的教誨，用一生的時間彈斷了一千根琴弦，自己也從一個弱不禁風的少年變成了一位飽經滄桑的老者，然而發現那張白紙上什麼也沒有寫，但他卻笑了，因為他領悟到了老和尚為他譜寫了世間最高明的「秘方」，便是希望自己能堅持不懈地彈琴，增長琴藝以維持生計。若用現代的話來表達這一「秘方」，那就是完美源於實踐。

生活中常有人感歎一件藝術品、一本好書、一首曲目、一張攝影照片或者一輛汽車的設計是多麼地完美和經典，感歎之餘更加欽佩設計者的獨具匠心與胸有成竹，認為作者是個天才。

實際上，這世上的天才是少有的，許多經典作品出自於平凡人之手，人們往往忽略的是這些作品背後埋藏著設計者無數次實踐的汗水與勇氣。

其實，不光作品如此，職場生活也是這樣。

參加工作已五年的公務員小華，做起事來不僅沒有老手的成熟與老練，反而有許多新手的毛躁。

小華上學時就很注重學習方法，成績一直都很優秀。剛剛參加工作時，他驚歎於上級與同事的成熟老練，

一心只想找到好方法儘快達到那樣的水準。

於是，參加工作這幾年來，他一直過於注重尋找和總結方法，許多時候做事情都是在應付差事。結果五年下來，他感覺自己進步非常小。因此，他一直在反思自己到底是哪裡出了問題，心想：「難道總結方法是錯的？可是，上學時一直是靠學習方法取勝的啊！」

這種迷茫讓他痛苦不堪，心理上陷入了空前的矛盾，工作狀態更加糟糕。

這時，他的上級敏銳地發現了他的異常，就利用一次吃飯的機會和他好好地聊了聊。

小華一直很欽佩和信任這位上級，言談之中便將自己的煩惱和盤托出。

上級聽後沉默片刻，對他說：「你總結方法是為了什麼？更高效地工作是吧？」

小華點頭。

「那你的方法總結的有不少了吧？你實踐了多少？」上級又問他。

「我一直感覺總結的方法不夠好，所以稍一實踐就自己否定了，一直在尋找更好的方法！」小華苦惱地說。

「明白你的苦惱了。這樣好不好，從現在開始，你先實踐自己的方法，每月底再總結一下方法，可以寫下來，我和你共同探討。」上級非常關切地對他說。

小華聽到上級如此關心自己的事，對工作重新充滿了激情，非常興奮地對上級說：「好，我每月跟您彙報一次！」

那次談話之後，小華開始注重於實踐，做起事來非常

用心，漸漸地他發現自己以前總結的方法有很多還是很有效的，更增添了對工作的信心。加上每月能和上級進行一次親密對話，他的工作開展得也很順利。不出半年，上級在部門會議上點名誇獎小華是進步最快的。從此，小華徹底告別了工作的懈怠和毛躁，辦起事情越來越成熟老練。

不知看完這個故事，身處職場的你得到了怎樣的體會？有沒有更深刻地體會到「完美源於實踐」的深意？

┅·禪林清音·┅

紙上得來終覺淺，絕知此事要躬行。

6. 不立文字的禪

不少日本近代禪師，都是由一位著名的無難禪師一脈傳承而來。

無難禪師在未入禪門之前，是一個濫賭酗酒不負責任的浪子，直到某天因緣際會受了愚堂禪師的感化才痛改前非，潛心習禪，終有所成。因此無難非常感念恩師的教化，他衷心希望這樣美好的傳承能代代延續，尤其是從他自己手中交出時，他希望能看見當年恩師愚堂所看見的東西——蕭穆的心、熱切的眼。

無難只有一位繼承人，名叫正受。

正受完成學業之後，無難召他入見：

「你是我唯一傳授此法的人。這裡有一本書，代代相傳，至今已有七代了，我也依照我的領悟加了不少東西，現在我將它交給你，以示傳承之意。」

　　「既然這本書如此重要，您最好還是自己保存著吧！」正受從容地拒絕了，並且解釋說，「因為我接受的是你不立文字的禪，我喜歡這樣的本來面目。」

　　「這點我知道。」無難有點訝異地說，「即使如此，它已傳了七代之久，你不妨留著，作為承受此法的一種象徵。」說畢，就把書遞過去，並道：「拿去！」正受只好接過書本。

　　時值冬日，雪花紛飛，寒冷異常，室內燒著火爐，正受接過書後，隨即將它投入火爐中。從習禪之後即不再發脾氣的無難突覺有一股怒意混合著失望從心中升起，不禁吼道：「你在幹啥？」

　　「你在說啥？」正受回吼道。

　　無難吃驚地望著正受年輕的臉龐，突然心意平和了——流年似水，他是老了，然而「法」仍會傳承下去，以它自己日新月異的方式傳下去。

　　而頃刻間，那本傳法書已燒成灰燼。

┌∵‧道破禪機‧∵┐

在繼承中創新

　　正受之所以毫不猶豫地將傳法書投入火爐，因為他相信自己已深得不立文字之禪的精華，無需什麼流傳了七代、內容已經過時的傳法書。這是一種積極的繼承態度，意味著繼承者學會了拋棄無用的東西，而將眼光投向新領域，簡言之，就是在繼承中創新。無數事實已證明，這樣的繼承者才是最好的。

　　一個人要做到在繼承中創新，首先要獨具慧眼能區分出哪些是精華，是有用的部分，哪些是早已過時的無用的部分，並在此基礎上積極創新，加入新元素，給其注入活力。

　　在眾多傳奇人物中，喜歡收購失敗企業的羅·道密爾無疑是一個優秀繼承者。

　　1945年，一位二十一歲的匈牙利青年，身上只帶了五美元到美國闖天下，二十年後，他成為百萬富翁。他曾經非常自豪地說：「我沒有做過一筆賠錢的交易，也沒有一次失敗的經營。」他就是羅·道密爾，一個在美國工藝品和玩具業富有傳奇性的人物。那麼，他是怎樣取得成功的呢？

　　20世紀50年代，道密爾買下了一家瀕臨倒閉的玩具公司。當時，他發現成本太高是這家玩具工廠失敗的原因，於是決定提高工作產量以降低成本。為了提高工人的工作效率，道密爾規定：凡是製作工人所用的工具、材料，一定都要放在最順手且最容易拿到的地方，要用時，一伸手就可以拿到。這樣一來，操作機器的工人，不必再為等材料、找工具耽擱時間，無形中節省了很多時間。

　　不久，他發覺叼著煙工作，進度非常慢，而且有很多人借抽煙來偷懶。於是他又規定：在工作中，不准吸煙，但每隔一個半小時，准許全體休息十五分鐘。這兩項規定執行以後，在機器沒有增加、人員減少的情況下，產量增加了百分之五十。

　　有人曾經問道密爾，為什麼總愛收購一些失敗的企業來經營？道密爾的回答很妙：「別人經營失敗的生意，接

過來後容易找出失敗的原因，因為缺陷比較明顯，只要把那些缺點改正過來，自然就賺錢了。這要比自己從頭做一種生意省力得多，風險也小得多。」

道密爾的經商之道與眾不同，但他總是獨具慧眼，能夠發現原來公司的很多缺陷，又能想出好辦法加以解決，徹底使倒閉公司重現活力，這不正是一種高明的在繼承中創新嗎？

我們要樹立一種新觀念，那就是在繼承中創新，不要在什麼都沒有的基礎上空喊創新。越是有缺陷，越是給我們創新的機會，如此一步步改進，成功之路怎會遙遠？

┌┈‥禪林清音‥┈┐

禪中無字卻有眼，直湏具此眼者，乃能知之！

7. 敲鐘的小沙彌

鐘，是叢林寺院裡的號令，清晨的鐘聲是先急後緩，警醒大眾，長夜已過，勿再放逸沉睡；而夜晚的鐘聲是先緩後急，提醒大眾覺昏衢，疏昏昧；故叢林的一天作息，是始於鐘聲，止於鐘聲。

有一天清晨，叢林禪院的方丈奕尚禪師從禪定中起來時，寺裡剛好傳來陣陣悠揚的鐘聲，走廊兩邊的木槿花瓣上的露珠紛紛墜落，整個空氣彷彿都跟鐘聲發生著共鳴。禪師特別專注地豎起心耳聆聽，待鐘聲一停，忍不住召喚侍者，詢問道：「今天早晨敲鐘的人是誰？」

侍者如實回答道：「報告方丈，是一個新來參學的小

沙彌。」

於是奕尚禪師就要侍者將這沙彌叫來，問道：「你今天早晨是以什麼樣的心情在敲鐘呢？」

沙彌不知禪師為什麼要這麼問他，忐忑不安地回答道：「沒有什麼特別的心情，只為敲鐘而敲鐘而已。」

奕尚禪師道：「不見得吧？你在敲鐘時，心裡一定念著些什麼，因為我今天聽到的鐘聲，是非常高昂響亮的聲音，只有真心誠意的人，才會發出這種聲音。」

沙彌想了又想，然後說道：「報告禪師！其實也沒有刻意念著，只是我尚未出家參學時，家師時常告誡我，敲鐘的時候應該要想到鐘即是佛，必須要虔誠、齋戒，敬鐘如佛，用猶如入定的禪心和禮拜之心來敲鐘。就是這樣而已。」

奕尚禪師聽了非常滿意，再三地提醒道：「往後處理事務時，不可以忘記，都要保有今天早上司鐘的禪心，將來你的成就就會不可限量！」

這位沙彌從童年起，養成恭謹的習慣，不但司鐘，做其他任何事，動任何念，一直都記著剃度師和奕尚禪師的開示，保持司鐘的禪心。他就是後來得到奕尚禪師衣缽真傳的森田悟由禪師。

∴∵道破禪機∴∵

用心做好每件事

小沙彌小小年紀就懂得敬鐘如佛，用猶如入定的禪心和禮拜之心來敲鐘，難怪深得奕尚禪師讚賞，最終成為他

的衣鉢傳人。可見，做任何事時拿出熱心、誠心、真心，一定能夠做好。

用心做好每件事，需要你對所做的事情投入全部的熱情和心思，只要你做到了，哪怕只是一個小角色也能成為大人物。下面這個美國小村莊裡默默無聞的鐵匠就是這樣取得成功的。

多年前，在美國紐約州的一座村莊，一個木匠來到一個鐵鋪，對鐵匠說：「請給我做一柄最好的錘子，做出你能做得最好的那種。」

「我做的每一柄錘子都是最好的，我保證。」鐵匠大衛‧梅爾多非常自信地說：「但你會出那麼高的價錢嗎？」

「會的。」木匠說，「我需要一柄好錘子。」

最後，鐵匠梅爾多交給那位木匠的的確是一柄很好的錘子。對於這位木匠來說，他做木工十多年，用過不少錘子，可是，他還從來沒有見過哪柄錘子比這柄更好。尤其值得稱道的是，錘子的柄孔比一般的要深，柄可以深深地嵌入孔中，這樣，在使用時錘頭就不會輕易脫柄。

木匠對這個錘子非常滿意。回到工地後，他不住地向同伴炫耀他的新工具。第二天，和他一起做工的木匠都跑到鐵鋪，每個人都要求訂製一把一模一樣的錘子。這些錘子很快被工頭看見了，於是，工頭也來給自己訂了兩把，而且要求比前面訂製的都好。

「這我可做不到。」梅爾多說，「我打製每個錘子的時候，都是盡可能把它做得最好，我不會在意誰是主顧。」

後來，一個五金店的老闆聽說了此事，一次在梅爾多這裡訂了二十四柄錘子。不久，紐約城裡的一個商人經過這座村莊，偶然看見了梅爾多為五金店老闆打製的錘子，強行把它們全部買走了，還另外留下了一個長期訂單。

在漫長的工作過程中，梅爾多總是在想辦法改進鐵錘的每一個細節，並不因為手裡握著的只是一柄鐵錘而疏忽大意。儘管這些錘子在交貨時並沒有什麼合格或優質等標籤，但人們只要在錘柄上見到「梅爾多」幾個字，就會毫不猶豫地買下它。

就這樣，在這個不起眼的鄉村小鎮誕生的小鐵錘，慢慢地成了美國乃至全世界的名牌產品，而梅爾多本人也憑著這些鐵錘成為富翁。

用心打錘的梅爾多和敲鐘的小沙彌一樣，都是憑著做事的誠心、真心、熱心來努力做事，所以他們一個打造出世界名牌，一個成為大禪師。由此可見，用心做好每件事的精神，對於一個人的事業發展有著無可替代的作用。

職場中也許並不突出的你，只要能夠用心做好每件事，也會很快在人群中嶄露頭角的。

·· 禪林清音 ··

持一顆禪心，敲好每天鐘。

8. 三個金人

古時候，有個小國使者到中國來，向中國的皇帝獻上了三個一模一樣的金人。金人金光閃閃，造型逼真，做工

非常精美,把皇帝高興壞了。可是,這小國使者不厚道,同時出一道題目,要考一考中國皇帝。這個題目是:這三個金人哪個最有價值?

皇帝想不出好的辦法,便請來珠寶匠,要他們回答。工匠們仔細檢查,又是稱重量,又是看做工,結果都是一模一樣的。怎麼辦?使者還等著回去彙報呢。泱泱大國,不會連這個小問題都回答不上來吧?

最後,有一位老大臣說他有辦法。

於是,皇帝將使者請到大殿,說要告訴他答案,朝中大臣全都拭目以待。只見那位老臣胸有成足地拿著三根稻草,走到那三個金人面前。把第一根稻草插入第一個金人的耳朵裡,結果稻草從另一邊耳朵出來了;又把第二根稻草插入第二個金人的耳朵裡,結果從嘴巴裡直接掉出來;而將最後一根稻草插進第三個金人的耳朵裡,稻草進去後掉進了金人的肚子裡,什麼聲響也沒有。最後,老臣說:「第三個金人最有價值!」

使者默默無語,點頭確認答案正確。

・・道破禪機・・

做最好的傾聽者

故事中,三個金人其實代表著三種人,第一種人總是把別人的話當做耳旁風,左耳進右耳出;第二種人嘴裡最保不住東西,聽到什麼就給別人說什麼;第三種人總是把聽到的話咽到肚子裡,記在心中。所以,第三個金人將稻草吞進肚裡,一聲不響,被認為最有價值。

　　職場生活中亦如此，當一個人與同事、上下級或客戶進行交流時，如果你目中無人，把別人的話當做耳旁風，自然會越來越沒人願意和你交流了；如果你是個「風語者」，聽到任何消息，不加考慮地就傳播出去，其中有些話可能嚴重侵犯他人隱私，你也樂此不疲，恐怕再也沒人敢跟你說真話了；只有當你肯真誠地傾聽，並能為聽到的話保守秘密，需要自己做的事毫不含糊，這樣的人，才是最好的傾聽者。

　　在現代職場壓力面前，人與人的關係也隨之緊張了些，這種情況下，如何與同事、上下級以及客戶處理好關係，贏得良好的人際關係，善於傾聽也許是其中最不能缺少的法寶之一。

　　在資訊社會的今天，資訊能夠以各種先進技術進行傳播，人們很容易獲得各種資訊。但對於職場中的人而言，很多公開的資訊是沒有什麼價值的，只有那些未公開的消息才更具有價值。而那些未公開的消息，僅憑先進技術來竊取是不大可能的，更多的還是憑著他人對自己的信任，用耳朵來傾聽。因此，做一個最好的傾聽者，才能比他人更容易掌握有價值的資訊，掌握的資訊越多就越有利於開展工作，越容易被周圍人認同和尊敬。

　　同時，隨著資訊的發展，許多客戶已經透過各種管道瞭解他所需要的商品，一個好的銷售員，就該適當地放棄原來的推銷策略，一方面要盡可能比客戶瞭解的資訊還要多，另一方面要第一時間去傾聽客戶、瞭解客戶的需求，在此基礎上進行真誠的推薦，才可能切中人心，只有這樣，你才能贏得好感、尊重以及訂單。

另外，如果一個人多傾聽、少發言，同樣會被他人所看好。因為，多聽少說，含而不露，可以給人一種穩重含蓄、深藏不露的印象。

┌··禪林清音··┐

莫說他人短與長，說來說去自招殃；若能閉口深藏舌，便是修行第一方。

9. 國王與鹿王

很久以前，在一片森林裡，有一隻雄偉奇特的鹿王，它身材高大魁梧，頂角挺拔崢嶸，四蹄溫潤如玉，雙目炯炯有神，遍體長滿了五彩的絨毛。

這隻鹿王率領著幾千頭梅花鹿一起生活在那山清水秀的好地方，餓了吃林中的嫩葉青草，渴了喝溪中清澈的泉水，無憂無慮，自由自在，生活十分幸福。

但是好景不長，有一次，一個國王到森林中來打獵。他帶來許多士兵，牽著獵狗、架著獵鷹，把森林團團圍住，利箭像雨點般射出。

鹿王帶領群鹿東奔西跑，狼狽逃竄，好不容易才逃出包圍圈，但有不少鹿已死於士兵的亂箭之下，還有不少鹿被活捉，或跌下山崖、墮入陷阱，或被荊棘縈傷、被泥淖淹沒。

鹿王看見群鹿死的死、傷的傷，心中非常難過，它曾以為經過這次災難，群鹿可以過一段安穩的日子了，可是沒想到才過幾天，國王又來打獵，群鹿再一次受到損傷。

　　原來這個國王，很喜歡吃鹿肉，所以每隔三五天便來打一次獵。

　　鹿王想：「我身為鹿王應當保護群鹿不受損害，如果為了貪圖豐美的水草待在這兒不走，反而使大家都受到傷害就是我的罪過了。可是還到哪兒去好呢？哪兒才能找到像這兒這樣豐美的水草呢？」

　　它考慮再三，決定親自去找國王談判，便動身到王城中。

　　城中的百姓，看到這麼一隻雄奇的大鹿健步入城，十分吃驚，大家都說：

　　「這是因為我們國王心地善良，為人慈悲，專行仁政所以感動聖鹿來朝。」

　　他們認為這是一樁非常吉祥的事，所以沒有一個人敢捕捉或阻攔鹿王。

　　鹿王走到國王面前跪下說：

　　「我們在大王的國境內生活指望能得到大王的庇護，安居樂業，沒想到近來經常受到獵人的襲擊，每次都死傷很多、損失慘重。聽說大王歡喜吃鹿肉，我們也不敢逃避，只希望大王能告訴我們每天需要幾頭鹿，我們一定相互推選，每日如數自願前來，絕不欺騙大王。老天爺是慈悲為懷的，希望大王能可憐我們！」

　　國王聽了鹿王的這番話心中十分驚訝，對鹿王說：

　　「御廚房每天只用一頭鹿就夠了，沒想到為了每天的一頭鹿，讓你們死傷這麼慘重。如果真像你說的，每天會有一頭鹿自動走進我的御膳房，我發誓再也不到森林中去打獵。」

　　鹿王辭謝了國王後，回到森林中，召集群鹿，向大家宣佈與國王談判的結果。鹿王說：「從此以後，每天只要有一頭鹿為了集體獻出自己的生命，那其他的鹿就可以安穩地過日子了，否則大家都無法安定地生活下去。」

　　群鹿聽了鹿王的話，也覺得只能這樣了，於是自動排定前去國王御膳房的次序。

　　從此以後，每天都有一頭鹿自動來到王宮中，國王再也沒到森林中打過獵。

　　輪到進國王御膳房的鹿，在動身前，都要到鹿王面前來辭行。

　　鹿王總是流著眼淚，勉勵它們：「縱生百歲，總有一死，你是為了集體犧牲生命的，是光榮的。你不要害怕、不要怨恨，安心地去吧！」

　　日子一天一天地過去。

　　這天，輪到一頭大母鹿去送死。但這頭大母鹿腹中，已懷了一頭小鹿，眼看就要分娩。母鹿跪在鹿王面前，哭著哀求道：「並非我貪生怕死，但我腹中的孩子是無辜的，它有活下去的權利啊！求大王寬限幾天，讓下一個先去，等我把孩子生下來，一定馬上去御膳房報到。」

　　下一頭鹿聽說要叫自己先去，也跪在鹿王面前叩頭哀求道：「大王！到該我死的那一天我絕不多說二話。但按規矩我還能再活一天一夜，讓我活夠這一天一夜我才死而無怨。」

　　鹿王左右為難，心想：「讓母鹿去吧，一下子便害了兩條命；讓另一頭鹿去吧，還沒到該它去的時候。」鹿王考慮再三，便讓那兩頭鹿都退下，毅然決定由自己代替母

鹿前去。

　　鹿王到了御膳房後，跪在地上，引頸待宰。

　　廚師因鹿王以前曾來過一次，所以還記得它。他看到這隻雄奇的鹿王親自前來就死，覺得非常奇怪，馬上跑去報告國王。

　　國王下令把鹿王帶來問道：「今天你為什麼親自前來？」

　　鹿王便把母鹿已懷小鹿，又不忍心以其他鹿替代，所以親自前來的原因講了一遍。

　　國王聽了，感動得流下淚來，說：「真沒想到一頭牲畜還會這樣殺身成仁！我是一個人，卻每天要宰一頭鹿，以滿足自己的口慾，我真是連鹿王也不如啊！」

　　國王立即讓廚師把鹿王放了，從此戒吃鹿肉，並下令全國，從此以後，無論什麼人都不准傷害鹿，若敢違犯，嚴懲不赦。

　　鹿王回到森林，和群鹿過起無憂無慮的生活。

⌈⁚∴道破禪機⁚∴⌋

行事要有大格局

　　這雖是一個神話故事，卻折射出了人性的光芒。在一頭頭鹿兒犧牲小我以求換來大家的平安時，帶給人悲憫之情；但當鹿王犧牲自我，親自走向御廚房時，不僅感動了國王，解救了所有的鹿，還帶給人深深地感動，因為它身上閃爍著一種耀眼的光環，那就是大格局。

　　一個人在行事時若有大格局，就要在事關大局和自身

利益的問題上，能以寬廣的眼界審時度勢，以長遠的眼光權衡利弊得失，正所謂不謀全域者，不足謀一域；不謀萬世者，不足謀一時。只有這樣，才能走在時代的前沿，立於不敗之地。

若想擁有大格局，首先應開拓自己的眼界，拓展自己的心胸。

譬如微軟的卓越經理人莫里森，上任幾年，創造了一個又一個佳績。當時有朋友笑他：「去年你為什麼要翻三番呢？翻一番不就好了嗎？如果今年翻一番，明年再翻一番，那翻三番不就能混三年了嗎？像你這樣辛苦，賺得大把的錢都跑到蓋茨的腰包裡去了，公司又不是你開的，最大的收益仍然是你的老闆比爾。」

莫里森笑著回答：「我們的工作不只是追求一份薪水，雖然我是職業經理人，但也要把公司當做自己的事業來做。我不僅希望它能翻三番，還希望它能跳多遠就跳多遠，雖然老闆得到了最大的利益，但人們都知道那也是我的價值。」

如果一個普通的打工者能用莫里森這種大格局看待工作，把工作當成事業，就會真正用心去工作，擁有成就感的同時提升了自我價值，使自己各方面都得到提高，前景也會隨之而廣闊。所以，不管你在哪裡當員工，都要有大格局，把公司看做是自己的事業，增強自己的本領，成為真正的受益者。

┌─ **‧‧禪林清音‧‧** ─┐

胸有江海，方能洶湧澎湃。

10. 著急的劍手

在日本的歷史上產生過兩位偉大的劍手，一位是宮本武藏，另一位是柳生又壽郎，而且柳生又壽郎是宮本武藏的徒弟。

柳生又壽郎年少時由於貪玩，不肯接受父親的教導去專心習劍，被父親逐出了家門。受了刺激的柳生，發誓要成為一名偉大的劍手，於是獨自去見當時最負盛名的宮本武藏，要求拜師學藝。

拜見了宮本武藏後，柳生熱切地問道：「假如我努力地學習，需要多少年才能成為一流的劍手？」

武藏說：「你的全部餘年！」

「我不能等那麼久。」柳生更急切地說，「只要你肯教我，我願意下任何苦功去達成目的，甚至當你的僕人跟隨你。那需要多久的時間？」

「那，也許需要十年。」宮本武藏說。

柳生更著急了：「哎呀！家父年事已高，我要讓他在生前就看見我成為一流的劍手。十年太久了，如果我加倍努力學習需時多久？」

「嗯，那也許要三十年。」武藏緩緩地說道。

柳生急得快哭出來了，說：「如果我不惜下任何苦功，夜以繼日地練劍，需要多少時間？」

「哦，那可能要七十年，」武藏說，「或者這輩子再也沒希望成為劍手了。」

此時，柳生心裡糾結著一個大疑團：「這怎麼說呀？

為什麼我愈努力，成為第一流的劍手的時間就愈長呢？」

「欲速則不達。」武藏平和地說，「練劍要講求自然與平和，急功近利則偏離了大道。」

凡事不要太心急

受了刺激的柳生急切盼望著以最短的時間學好劍術，好讓父親刮目相看，卻被告知欲速則不達。其實，不僅故事裡是這樣，生活中很多時候也是這樣，越是急於做成什麼，結果反而適得其反。因此，當你做事或做決定時要緩一緩，不要以焦急的心態去做，少一些急功近利，多一些自然平和，沒準結果還會給你帶來奇蹟呢！

曾經有一家小型公司，效益不是很好。小王是這家公司的新人，職位一般，平時很難受到關注，待遇更是平平，讓極度渴望高收入和高關注度的他非常鬱悶。

有一天，和老同學一起聚會，他非常嘮叨地說：「我要離開這個公司。我恨這個公司！」老同學建議道：「我舉雙手贊成你報復！破公司一定要給它點顏色看看。不過你現在離開，還不是最好的時機。」

小王詫異地問道：「為什麼？」

老同學替他分析說：「如果你現在走，公司的損失並不大。你應該趁著在公司的機會，拼命去為自己拉一些客戶，成為公司獨當一面的人物，然後帶著這些客戶突然離開公司，公司才會受到重大損失，非常被動。」

小王覺得他說得非常在理，於是努力工作。事遂所

願，經過半年多的努力工作後，他有了許多忠實的客戶。

再見面時老同學問他：「現在是時機了，要跳趕快行動哦！」

沒想到小王淡然笑道：「老總跟我長談過，準備升我做總經理助理，我暫時沒有離開的打算了。」

老同學哈哈大笑：「這就對了嘛！」

這雖是一個故事，卻和好多人的經歷相同。其實，不光是辭職，做其他事也是一樣。做決定或做事的時候，不要太著急，讓自己的心緩一緩，從長計議，說不定你也能創造奇蹟。

〔禪林清音〕

心急難等圓月，雲急難積大雨。

11. 玄奘收徒

窺基本是唐金吾衛將軍尉遲敬宗之子，後從玄奘出家，成了玄奘的高足。他一生著述無數，宣揚玄奘傳入的法相唯識學，是佛教史上的著名人物。然而，窺基出家的原因卻非常奇特，他是被其父一怒之下趕出來的。

唐貞觀年間，玄奘遊印度歸來，在長安創辦譯經道場，一邊翻譯佛典，一邊講經說法傳道。在從事傳譯事業的同時，他也很注意物色、培養說法的人才。

一次，玄奘偶然碰上了眉清目秀、舉止大方的窺基，便欲度他為弟子。可是一打聽才知道，眼前這位少年竟是尉遲敬宗將軍的公子。這位公子的名氣在京都是人人皆知

的。他雖然出身將門，卻自幼通學儒典，善於屬文，他的文章也早已得到許多卿大夫的賞識。這樣一位寶貝兒子，尉遲將軍能夠割愛相捨嗎？玄奘心想，不論如何都應先試試再說。

這一天，玄奘特意來到尉遲將軍家中做客，為了達到目的，他還帶上了一位比窺基年紀小的童子。那位童子說起來也不同凡響，本是西域人，卻聰穎絕倫，過目成誦，記憶的天賦很少有人能及得上他。玄奘自印度東歸時，遇上並收留了這位童子。

玄奘帶著童子來到將軍府上，東扯西拉，不一會兒便把話題轉到了窺基身上。玄奘說：「聽說將軍的公子文采橫溢，才華出眾，何不請出來讓貧僧見識一下呢？」

尉遲敬宗哈哈大笑，道：「小小的孩子能有什麼才華文采，還不是大家捧著說嘛。」口上雖然謙虛，心中卻為自己有這樣一位孩子而驕傲。他隨即喚出窺基，說：「這位法師想見識一下你的學問。咱們武將人家又有什麼學問？除了兵書韜略，還能會什麼？你就把自己學過的兵書背給法師聽聽吧。要用心背，別掃了法師的雅興。」

尉遲敬宗官至將軍，自小便教給窺基兵書戰法，他讓兒子背兵書，正是要讓兒子背誦他最熟悉的，以便向玄奘顯示自己的兒子的確名不虛傳。

窺基得到父親指令，便把自己學過的兵書毫不停頓、從頭至尾地背誦了一遍，果然是一字不錯。玄奘聽窺基背書，越聽他背，心中就越喜歡他。他幾次向那位童子使眼色，要他用心記憶兵書的內容。

窺基把洋洋數千言的兵書背完，玄奘道：「果然名不

虛傳，真是將門虎子啊！」

尉遲敬宗謝道：「哪裡的話，法師您太過獎了，小心別把孩子寵壞了。」

這時，玄奘對身邊的童子說：「這是上古兵書，剛才那位哥哥背了一遍，你也背背，看到底能記住多少。」

那位童子於是便背誦起來，從頭至尾，也是一字不錯。

這下可把尉遲敬宗氣壞了，他不敢得罪玄奘，便遷怒於窺基說：「你這個孽子，把我的臉丟盡了。剛學了幾天就賣弄學問，卻連個胡人的孩子都不如，還留你何用，看我不殺了你。」

玄奘一看妙計生效，連忙勸阻說：「將軍息怒，公子還是聰明絕倫的。你既不喜歡他，不如送給我做弟子算了。我在印度的時候，有人給我算卦，勸我回來，說我的弟子已經出世了，算起來那位卦師所指的就是你的公子了。」

尉遲敬宗說：「此子粗俗不堪，只怕難成大器。」

玄奘笑說：「此子的學問氣度，只有將軍才能生得出來，也只貧僧才能識得。如果將軍同意，便送給我做弟子好了。」

尉遲敬宗餘怒未息，也不細加考慮，便同意了玄奘的請求。

但窺基卻心有不甘，他覺得出家當和尚太苦了，不能飲酒吃肉，每天只許吃一餐，還要節制情慾，自己實在受不了，於是提出條件說：「要我出家也可以，只是得答應我三個條件：一是不要強迫我節制情慾，出家後我照樣要娶妻納妾，軟玉溫香抱滿懷；二是要讓我大魚大肉吃個痛

快;三是要允許我隨意飲食,不必遵守每日一餐的僧規。如答應這三個條件,我隨你出家就是了,反正父親也不要我了。」

玄奘一聽,大喜過望。窺基的三個條件雖然很不合佛規,但假以時日,未必不能感化他放棄這些要求。不管怎麼說,先把弟子收過來為是。於是,玄奘便答應了窺基的條件,領著他出家了。直到貞觀二十二年,窺基已經十七歲了,才在玄奘的循循教誨下改變原來的主意,真正喜歡上了佛法,於是便正式受戒,剃髮為僧了。

∴道破禪機∴

辦事要有心機

玄奘收徒的過程中可謂處處用計,先把尉遲敬宗誇得飄飄然,再讓得意弟子趁機殺殺他的驕傲,又在他憤怒時借機開口收徒,還以緩兵之計答應了窺基三個荒唐條件,最後心想事成。可見,在做事時,只有那些富有謀略,善於隨機應變,因人、因時制宜,靈活把握好辦事火候的人,才算得上是真正的聰明人。

一個人要想在現代職場中求得生存發展,只要不以傷害他人為目的,做事的心機還是多多益善。

圖德拉原來在卡拉卡斯有一家玻璃製造公司,但是作為自學成才的工程師,他非常渴望做石油生意。可惜的是,他既無石油界的老關係,又不具備雄厚的資金條件。

一個偶然的機會,圖德拉從一個商業朋友處獲悉,阿根廷即將在市場上購買兩千萬美元的丁烷氣體,於是他立

刻跑去那裡看是否能弄到這份合同。當他到達阿根廷時，他發現競爭者十分強大——英國石油公司和殼牌石油公司。但他沒有因此就放棄努力，而是四處尋找機會。在四處打探消息時，他還意外地發現一件在常人看來與石油生意毫不相干的事——阿根廷牛肉供應過剩，該國正想不顧一切地賣掉牛肉。

單憑知道這一消息，他感覺自己佔據了一個絕對「優勢」，完全可以同那兩家大石油公司抗衡。他告訴阿根廷政府：「如果你們向我買兩千萬美元的丁烷，我一定買你們兩千萬美元的牛肉。」阿根廷政府欣然同意將合同給他。

得到合同後，圖德拉隨即飛往西班牙，那裡有一家大型造船廠因缺少訂貨而瀕於關閉，由於這家船廠受政府重點扶持，所以西班牙政府對此問題頗為敏感，感覺處理起來十分棘手。圖德拉投其所需，告訴他們：「如果你們向我購買兩千萬美元牛肉，我就在你們造船廠定購一艘造價兩千萬美元的超級油輪。」西班牙政府不勝欣喜，透過他們的大使傳信給阿根廷，讓圖德拉的兩千萬美元的牛肉直接運往西班牙。

圖德拉離開西班牙後直奔費城的太陽石油公司。他對他們說：「如果你們租用我正在西班牙建造的兩千萬美元的超級油輪，我將向你們購買兩千萬美元的丁烷。」正愁運輸工具的太陽石油公司十分痛快地答應了。當然，圖德拉購買丁烷的錢是阿根廷拿出來的。

圖德拉就是這樣單槍匹馬，沒有用一分錢，利用別人的資金，最終獲得了那艘油輪。從此他進入了石油海運行

列，並且很快成為了石油海運的大王。

不花一分錢，圖德拉憑著自己善於觀察的智慧和迎合他人需求的心機順利地進入了石油海運行列，讓我們再一次認識到心機的妙處。它不僅能讓你辦事更高效，甚至能讓你把常人看來不可能的事變成可能。因此，職場中人應該積極培養自己辦事的心機，為自己增添一對智慧的翅膀，早日一飛沖天。

‧禪林清音‧

達摩西來一字無，全憑心機下工夫。

12. 富樓那說教

富樓那是佛陀弟子中傑出的布教師，他善於隨機設教，方便說法。

他對醫生說法時說：「醫生能醫治人們身體上的病痛，卻不能醫治心理上貪、瞋、癡的大病。唯佛陀的教法，如同甘露法水，能洗滌眾生的心垢。戒、定、慧三學，能醫治眾生貪、瞋、癡的心病。」

對官吏說法時說：「官吏能懲治犯罪的人，但無法使人不犯罪。唯有佛陀說的五戒十善的道理、因果輪迴的法則，大家只要信受奉行，就可以不去犯罪。」

對農民說法時說：「你們種田生產糧食，可以滋養色身，也要種福田，滋養慧命。信奉佛教、侍奉三寶、恭敬沙門、看護病人、孝敬雙親、不殺生靈、熱心公益，是耕種福田。」

頻婆娑羅王被兒子囚禁後，富樓那探視時對他說法：「牢獄裡被監禁了自由，其實沒進監獄的人，同樣被金錢、名位、美色所囚。娑婆世界，一個大監獄，不論坐牢的與不坐牢的，都不免一死。唯有稱念彌陀聖號，早生安養，才是真正的解脫。」

由此可見，富樓那布教最大的特點，乃不作空洞的說教，而是從改善人的生活做起。如輸盧那國文化落後，人民生活貧困，富樓那到那裡以一個醫生的身份，每天忙著探視病人，看護病人。患者見到他如同看到救星，再重的病症他都能很快治癒。他又是一位教師，白天教群眾識字、耕種等生產知識，晚上講說五戒十善、因果報應的道理。輸盧那國的人很快都皈依了佛教。他在那裡收了五百弟子，建立了五百僧伽藍。

·∴道破禪機∴·

見什麼人說什麼話

富樓那之所以能成功遊說各行各業的人，就是因為他深諳人與人不同，見什麼人就說什麼話的道理。俗話說：人有眾生，佛有千面。

其實，不單是一千個佛都有一千張面孔，一千個人也有一千種性格，更何況人還是多變的。這就意味著我們在待人處世、說話辦事時，更應該見什麼人說什麼話，如若見到鬼就該說鬼話了。

見什麼人說什麼話，不僅要由對方的言行分析他的性格，言談要滿足對方的口味；在談話過程中還要即時地察

言觀色，針對對方的神情變化，拿捏好說話的分寸；更重要的是學會傾聽對方的聲音，從中找到合適的切入口，抓住恰當的時機，委婉地讓對方接受自己的要求，而不至於吃閉門羹，被掃地出門。

在現代職場中，最能體現談話水準的當屬推銷員了。我們可以從推銷員的身上學到很多東西。

第一，要有良好的心理素質。

一個推銷員在成長過程中，難免受到冷落、拒絕、嘲諷、挖苦、打擊與失敗，每一次挫折都可能導致情緒的低落、意志的消沉，最終影響業務的拓展，或者乾脆退出。所以，優秀的推銷員首先要具備良好的心理素質。

第二，要有察言觀色的能力。

在商業談判過程中，優秀的推銷員很善於由對方的談話用詞、語氣、動作、神態等微妙的變化去洞察對方的心理，以便對症下藥。比如一個軟體系統的銷售員，他向客戶報價一百萬元，客戶還價要求七十萬元，但客戶還完價以後很快就站起來到處去找他的筆，銷售員就應該感覺到：客戶到處找筆很有可能是掩蓋內心的慌亂。這說明客戶對報價七十萬元並不具有很強的信心，客戶真實的想法是認為報價太低了。

又如，一個銷售員和一個客戶在談生意，客戶突然提出換一個更為正式的會議室談，這個變化常常意味著客戶的購買傾向加強，等等。

第三，明白傾聽的重要性。

在談判與推銷過程中，「傾聽」其實比「勸說」更加重要，善於傾聽的銷售員能充分調動對方的積極性，讓對

方產生如遇知己的感覺。

善於傾聽的要則在於：銷售員的反應和顧客談話的內容一致。比如顧客在講述他艱苦奮鬥的創業史時，善於傾聽的銷售員就會表露出敬佩的表情，甚至適當地睜大眼睛並用一些感歎詞來配合顧客的訴說，肯定對方，從而調動顧客說話的積極性，為深入交談創造條件。又如顧客在講一個笑話，那麼無論這個笑話是否可笑，銷售人員的職責便是配合以朗聲大笑，這也是善於傾聽的表現。

第四，讓對方做出利己的決定。

面對推銷員所推銷的產品，消費者最關注的無非是價格與品質，綜合起來就是性價比。厲害的推銷員此時就會在準確把握對方需求的基礎上，向對方推出適合的產品，同時還要為自己也為對方算一筆經濟賬，讓對方感到你是在真誠地為他打算，這樣你在無形之中就促使對方做出了利己的決定。

見什麼人說什麼話，在生活的方方面面都會有著用武之地。當你靈活掌握了這一技巧之後，相信你的事業一定會邁上一個新臺階。

╼··禪林清音··╾

如果有鳥語，就要學著和鳥對話。

13. 婢女與羊

《雜寶藏經》中有這樣一個故事：

從前有一個婢女，稟性清廉，辦事認真，經常為主人

炒麥豆。

主人家有一頭公羊，在婢女炒麥豆的時候，常去偷吃麥豆。

麥豆不足分量，主人就怪婢女，對她也不信任了。婢女一氣之下，便用棍子打羊出氣。羊老是挨打，也發怒了，就用羊角來撞婢女。如此你爭我鬥，矛盾越來越深。

有一天，婢女空手取火，羊見她手中並無木棍，便衝上來用羊角頂她。婢女危急之中，用所取之火扔在羊背上。羊被燒得像一團火球，東奔西跑，所經之處，燃著了村子，燃著了山野。山中有五百隻獼猴，大火襲來，不及逃走，也都被燒死了。

天帝目睹此事，便說道：「無休無止的怨恨、爭鬥，只會衍生出惡果。誰會料到，婢女與羊的鬥爭，會造成村人及大批獼猴的死亡呢？我們也必須從這件事上吸取教訓。」

∴道破禪機∴

千里之堤，毀於蟻穴

一點點小的誤會，一點點小的怨恨，越積越多，終會衍生出惡果。

小張是A食品公司新上任的北區經理，在這行摸爬滾打有五六年的時間，也算得上是「江湖高人」，可接管的區域情況十分複雜，經銷客戶不配合，團隊軍心早已渙散，小張竭盡全力推行「新政」後稍有起色，但分管行銷總監耐不住了，嫌其雷聲大雨點小，雙方也因此在溝通上

產生了不小的衝突與誤會。小張心想，沒關係，到時候「新政」有了重大的成果，這些誤會也就會不攻自破了，所以沒有專門和行銷總監溝通。

幾個月過後，小張的「新政」真的令整個團隊有了很大的起色，按理說，作為功臣的小張應該得到褒獎，可是正當小張美滋滋地沉浸在自己的功勞裡時，他收到的卻是一封辭退書。

不明所以的小張，找到了董事長詢問原因。

董事長說：「小張啊，你來公司確實為我們公司立了功勞，可是我們接到行銷總監的投訴，說他和你無法溝通，工作方式太不一樣，要嘛撤下你，要嘛他另謀高就。經過我們董事會的再三權衡，還是決定犧牲你，要知道，行銷總監在我們公司的位置是舉足輕重的，我們的銷售業績全靠他把關。你啊你，如果在當初工作的時候能夠及時消除總監對你的誤會，不就沒這麼多事情了嗎！」

「董事長，你能不能再想想辦法？」小張哭喪著臉說。

「我已經和總監打過招呼了，他不領情，你們積怨太深，我也沒有辦法……」

無奈的小張，只能離開了這個工作時間還不算長的公司。

毋庸置疑，小張是個工作能力很強的人，他之所以最後被辭退，就是因為溝通不善。如果發生了誤會能夠及時解釋清楚，不讓它「積少成多」，也許事情的後果不會那麼嚴重。所以，我們在工作中要吸取小張的教訓，如果和同事、上司有什麼誤會，哪怕是一點點小誤會，也要儘量

找機會解釋清楚，以免「千里之堤，毀於蟻穴」。

地獄不空，誓不成佛。眾生度盡，方證菩提。

14. 夜遊歸來

　　由道悟禪師擔任住持的禪院有數百名學僧，平日寺中眾僧除了參禪打坐，就是聽道悟禪師講經說法，再就是幫助寺裡做些雜務，生活規律地近於平淡。這對於定力不足的年輕學僧來講，單調得有些坐不住。

　　其中有一位年輕的學僧，耐不住寺院中的寂寞，於是晚上他趁大夥都休息之後，拿了一個高腳凳偷偷來到牆根下，踩著凳子翻牆溜到了外頭。這樣一來他不僅為寺院生活平添了許多樂趣，而且在外面還大開了眼界。

　　這晚，他夜遊歸來，照例奮力一躍，爬上牆頭，然後輕鬆轉身，兩手攀牆，雙腳下垂，小心翼翼地探試著凳子。

　　他一點一點往下伸腳，「咦！這凳子怎麼好像高起來了？踩起來還有些軟？」

　　「嗨！別管那麼多了，先跳下來再說，再晚就來不及了！」

　　他站穩腳跟縱身跳下，剛直起腰杆，打算躡手躡腳回到禪房，哪料眼前的高腳凳卻變成了道悟禪師。學僧嚇了一跳，惶恐不已。

　　「夜深了，小心著涼，快進房加件衣裳吧！」禪師

溫和的叮嚀頓時化解了夜遊僧的尷尬，他不禁感到雙頰滾燙，然後那股熱氣又悄悄地滲進心裡。

原來，道悟禪師在夜裡巡寺的時候，意外地在牆角邊發現了一只高腳凳，他明白寺中有人到外面去了。於是禪師當下決定親自等待這個夜出的學僧。他隨手拿開了凳子，自己站到了凳子擺放的位置，靜靜地等著學僧歸來。

看著道悟禪師不緊不慢地拂去頭上的腳印，學僧不斷地搓著雙手，囁嚅著說不出話來。

此後，道悟禪師再沒有提過，寺院裡也沒其他人知道有這麼一回事。經過這次事件以後，院裡的牆腳下再也沒有發現過凳子。

∴道破禪機∴

無聲的寬容

「無聲勝有聲」，寬容別人，讓別人認識到自己所犯的錯誤，有時不用「長篇大論」，你的寬容之舉不用任何言語的修飾，就能滲透進當事者的內心，一旦奏效，那麼，它的影響力比一般說教更為深遠。

某公司的會計一天在員工申請報銷的發票當中，發現了一些奇怪的現象，有個員工每個月都在一家飯店開用餐發票，而且每個月的發票不多不少都是五百元的金額，五百元不算大數目，所以以前並沒有引起他的注意，可是這次卻被他無意間發現了這個巧合。

會計拿著這些「巧合」的發票敲開了經理的門，告訴了經理這件事。

　　經理在心裡思量了一下，打電話去了那個飯店，問接電話的人認不認識一個叫許強的人，飯店人員輕鬆地說：「當然認識，他是我們經理的侄子。」這下經理心裡有數了，這個叫許強的人肯定利用一些關係，讓自己的親戚幫自己在公司裡謀取一些「額外收入」。經理讓會計出去，並通知許強的主管領導王濤來他的辦公室。

　　經理並沒有直接告訴王濤他的員工報銷憑據有蹊蹺的事，而是詢問許強這個員工工作表現如何。王濤讚歎地說：「他真是個人才啊！去年我們部門好幾個大單都是他拿下的！現在有好幾家公司想挖他過去呢！」

　　經理聽完後思量了一下，說：「沒什麼，我就是想關心一下員工的表現，你出去忙吧！」

　　隨後經理把會計叫上來，讓他不動聲色，照例給許強報銷五百元的用餐發票，會計不解，但也沒有多問。

　　幾個月後，許強那個部門組織聚餐，會計也受到邀請。那天會計喝得有點多，他對坐在身邊的許強說了當初經理對發票的懷疑及最後的決定，許強愣了。

　　從那個月開始，許強再也沒有遞上過用餐發票，可是工作卻是越來越賣力，單也越簽越大。

　　經理的寬容，留住了一個人才，還讓這個人才更加賣力地為自己工作，可見，這個經理是深諳「無聲勝有聲」的寬容之道。

　　我們在工作中要多學習經理的這種氣度，不可為一點小錢就大動干戈，為一點小事就斷送一個人才。擁有一顆「寬容忍耐」之心，是現代職場人不可忽略的一個本領。

人生最高的享受是學佛，人生最大的智慧是寬恕。

15. 請求門和鞋子的寬恕

一個叫林才的禪宗大師正在打坐，這時來了一個人。他猛地推開門——他一定在生氣——又「砰」的一聲關上門。他的心情不好，所以就踢掉鞋子走了進來。林才說：「等一下，不要進來，先去請求門和鞋子的寬恕。」

那人說：「你說些什麼呀？我聽說這些禪宗的人都是瘋子，看來這話不假，你的話太荒唐了！我幹嘛要請求門和鞋子的寬恕？這真叫人難堪……那雙鞋子是我自己的！」

林才又說：「你出去！永遠不要回來！你既然能對門和鞋子發火，為什麼不能請它們寬恕你呢？你發火的時候，一點兒也沒有想到對鞋子發火是多麼地愚蠢嗎？你的行為是錯誤的，是不道德的，那扇門並沒有對你幹什麼事。你先出去請求寬恕，否則就不要進來。」

林才的話像一道閃電，那人開悟了，他明白了其中的邏輯：「如果你能夠發火，那麼，為什麼不能去請求寬恕呢？」於是他去了。也許這是他一生中的第一次，他撫摸著那扇門，淚水奪眶而出，他抑制不住湧出的眼淚。當他向自己的鞋子鞠躬時，他的身上發生了巨大的變化。他轉身走到林才的面前，林才立刻伸開雙臂擁抱了他。

請求寬恕不分對象

如果你在公司撞了一位上司，會不會說句「對不起」，請求他的原諒？如果你撞的是一位清潔工呢？恐怕很多人都會不顧而去、置之不理吧！要知道，請求寬恕是不分對象的。

某孤兒院要招聘一名護理，待遇很高，所以不乏一些條件優秀的人前來應考。融融今年剛畢業，中專學歷，找工作真的可以用「四處碰壁」來形容。

是啊，如今這個年代，連大學本科生都不一定能找到一份如意的工作，何況她一個中專生？但是畢業了，總不能在家遊手好閒吧，父母還等著自己賺錢貼補家用呢！融融替自己打了打氣，走進了考場。

面前坐著一溜兒「考官」，問了一些專業問題，十五分鐘後，融融便出去了。

當融融正準備回家等消息的時候，一不留神撞倒了一個打掃衛生的老婆婆，待融融緩過神來，連忙扶起老婆婆，問道：「怎麼樣，撞疼沒有，要不要去醫院？」

「沒事，沒事！」老婆婆一邊揉著膝蓋，一邊說道，「你這個小姑娘怎麼走路這麼不小心呢，不是看我是個掃垃圾的就欺負我吧！」

「不會的，剛才是我不好！對不起啊！」融融趕忙賠禮道歉。

在確認老婆婆沒有被撞傷後，融融便準備回家了，當

她剛走出孤兒院大門的時候，手機響了，剛剛面試她的考官通知她說她被錄取了。

不明所以的融融在簽完工作合同之後問考官，為什麼這麼快就通知她被錄取了，考官笑了笑，說：「那個老婆婆才是真正的考官！」不用別人點破，融融也知道了事情的原委。

「對不起」這個詞在小學的時候老師就教會我們使用了，可是隨著年齡的增長，很多人漸漸地給這個詞的使用對象分了等級。與人為善，請求別人的寬恕是不分等級的。不管是撿垃圾的老人也好，市長大人也好，在我們犯了錯之後都應該請求他們的原諒，不應厚此薄彼。

·· 禪林清音 ··

知錯能改，善莫大焉。

16. 獵人贈肉

《百喻經》中有這樣一則故事：

在梵授王統治的波羅奈國，有四個富商，他們各有一個兒子，都長得風流倜儻，且喜歡結伴而行，同闖江湖。

有一天，四位商人之子又一起出城，途中坐在路邊休息，談論自己近來的所見所聞。這時，有一位獵人打獵回來，車上裝了許多獵物，其中光鹿就有不少。獵人駕著馬車疾馳而來，準備進城賣掉這些獵物。

四個年輕人看到滿載獵物的馬車駛來，其中一個迅速地從地上站起來，說道：「我向獵人要塊肉去。」話音剛

落，他已經走到馬車前，很不禮貌地說：「喂！打獵的，割塊肉給我！」

獵人見這個年輕人如此傲慢無禮，便不卑不亢地回答：「向人索要東西，怎麼能以這樣的口氣呢？要和氣換和氣才對呀！我不會拒絕你的要求，但是會按照你的言辭來決定給你哪一塊肉。」說完，獵人念了一首偈語：「公子所要肉，出言欠和遜；按君言粗魯，只配得筋骨。」

第一位商人的兒子拿著獵人給他的鹿骨，悻悻地退回原來坐的地方。

第二位商人的兒子也站了起來，說道：「我也向獵人要肉。」他來到獵人面前，和顏悅色地說：「大哥，能給我一塊肉嗎？」

獵人笑著說：「當然可以，我也會按照你的言辭來決定給你哪一塊肉。」

接著，獵人扶著車把，也念了一首偈語：「人說塵世中，兄弟手足情。按君言辭和，送君鹿腿肉。」

第二位商人的兒子拿著獵人給他的鹿腿，高興地回到路邊。

第三位商人的兒子也站了起來，說道：「你們都向獵人要了肉，我也去。」

他來到獵人面前，滿臉笑容，用溫和、尊重的語調說道：「老爹，請給我一塊肉好嗎？」

獵人也報以一笑，很爽快地說：「我會按照你的言辭決定給你哪一塊肉的。」說完，他又念了一首偈語：「兒呼一聲爹，為父心頭顫；按君言辭敬，贈君心頭肉。」

第三位商人的兒子拿著獵人給他的鹿心，愉快地回到

年輕的朋友身旁。

第四位商人的兒子迎著他站起身來，說道：「我也去向獵人要肉。」

他來到獵人面前，含著親切的微笑，誠懇而又尊敬地說：「朋友，打獵辛苦了，能否賞我一塊肉？」

獵人也禮貌地微微頷首，瀟灑地說：「沒問題，朋友。我將會按照你的言辭來決定給你哪一塊肉的。」說罷，他第四次念起偈語：「村中若無友，猶孤居森林；按君言辭美，贈君傾我車。」獵人恐怕年輕人沒聽清楚，再次強調：「朋友，上車來吧！我要將這整車的獵物都送到你家裡去。」

·道破禪機·

要想別人如何對待你，首先要如何對待別人

為老闆打工，通常都是老闆付你多少工錢，你就做多少事情，若要多做一份事情，得先和老闆談工資。在這個利益如此現實的社會裡，大多數人都在跟老闆「較著勁」，可是很少有人反過來想想，你要是想老闆給你加薪升職，是否應該先自己作出一些努力呢？如果別人工作你也工作，別人休息你也休息，別人娛樂你也娛樂，那麼別人得到什麼，你也只能得到什麼，哪裡有比其他人工資高、級別高的可能？

要想得到別人得不到的東西，就得付出別人不願付出的東西，尤其在你年輕的時候。

江明，畢業於一個並不太有名的大學，但他供職的那

個企業卻有名得很。企業裡人才濟濟，江明在眾多能兵強將裡實在不能算是才華出眾。可是他到公司不出兩年，就擔任了財務部經理一職。

很多同事對江明的青雲直上百思不得其解。首先，大家都認為他業績平平；其次，大家都知道他性格內向、不善言辭，並不是那種見風使舵、善於拍馬屁之人；其三，據好事人調查，他既沒有什麼過硬的關係做後盾，也從不參與拉幫結派。

因此，大家都覺得如此一個表現平平的年輕人，實在是沒有理由得到老闆的如此器重，並不斷獲得提拔。

終於有人參透了其中的奧妙：原來江明畢業後到任後，既缺乏實際工作經驗，又因為性格等種種原因而不被主管看重。但江明卻真正是個敬業愛業的年輕人，為了儘快熟悉業務，單身的他經常加班到深夜。

集團公司老闆有個習慣，就是在空閒時喜歡到各部門轉轉看看。一天，已是夜深人靜，而江明仍在辦公室裡學習軟體的使用。剛開完會的老闆悄悄地來到了他的身後，詢問了一些他的姓名、學歷、專業、家境、入職後感受之類的話後就離開了。

不久，老闆就指示財務部負責人抽調江明到一個子公司做財務主管。江明自然不會錯過這樣一個既能夠鍛鍊自己，又能積累經驗的絕好機會。當然他也不放過每一個回總部向老闆彙報工作情況的機會。就這樣，步步為營加上他的勤奮，在老闆的直接提攜下，他有了今天的成就。

在職場永遠要記住，要想老闆器重你，你要首先為老闆盡職盡責地工作，而你的努力也絕對不會白費！

有其因，必有其果。

17. 打就是不打

　　杭州靈隱寺有個和尚慧山，一天，他去山下化緣，來到一個員外的府上。員外名叫丘浚，和尚來時他正在吃茶休息，眼見來者只是個破爛和尚，便對他非常怠慢，愛理不理的，既不讓座也沒倒茶，把慧山晾在一邊。

　　正好這時，杭州刺史的兒子騎著馬，帶著幾個隨從，進屋拜訪員外。

　　那員外一見來人穿戴華貴，前呼後擁，甚是排場闊氣，高頭大馬甚是威風，便換了一副笑臉，忙不迭地起身，恭敬地走下臺階，一直迎到屋外去了。

　　被冷落在一邊的慧山看到這些，輕輕搖頭。待那刺史的兒子走後，慧山對員外說：「做人不能如此勢利，見到我來，一副冷冰冰的樣子；見到那有錢有勢的人來，你便滿臉堆笑，十二分地恭敬，這樣不好。」

　　員外卻狡辯說：「大師，你不要誤會！你們佛家不是常說『空即是色，色即是空』嘛，在我這裡，怠慢即不怠慢，不怠慢即怠慢。所以說，我對你才是真正地熱情呢！」

　　和尚聽了，哈哈笑了起來，邊笑邊拿起手杖在員外腦袋上敲了幾下，說：「打你即是不打，不打你即是打你，所以我只好打你了！」

員外挨了幾手杖，只好心裡後悔。

以其人之道還治其人之身

辦公室裡總是有一個角色不甘寂寞，那就是小人。他們上躥下跳，或在明處，或在暗處，無論你怎麼小心謹慎，也難免被他們盯上，輕則踩你的腳，重則踩著你的肩膀往上爬，害你深陷泥潭。你能就此忍氣吞聲嗎？絕對不行，否則，他們會越發囂張，你會愈加倒楣。唯一的辦法是打起精神、鼓起勇氣和他們鬥智鬥勇，以其人之道還治其人之身。

剛進這家房地產公司時李林還是新人，為了得到公司的認可，李林幾乎成了工作狂，並常常能想出很多新穎實用的點子來。李林的第一次策劃得到經理的「有創意、很新穎」的表揚，經理的嘉獎讓李林更加自信大膽地工作。

同事麗麗是李林自認的好朋友，在李林忙得天昏地暗時，她會適時地遞上一杯咖啡；李林加班時她又會送來一盒盒飯；當李林的兩隻手恨不得當八隻手用的時候，她總是自動拿起材料幫李林列印好。她就是這樣在一點一滴的小事中感動著李林。

一次，李林很滿意地完成了一個策劃交給經理。誰知第二天他找到李林：「李林啊，本來我很看重你的才華和敬業精神，沒有新點子也沒什麼，但你不該抄襲其他同事的創意。」經理看李林一臉驚訝，遞給李林一份策劃書──天啊！竟然和李林那份驚人地相似，而策劃人竟是

麗麗！

　　面對經理的不滿和麗麗的「心血」，李林啞口無言，因為李林沒有任何證據證明自己的清白。

　　機會終於來了，李林接了一個很重要的項目，他比平時更忙碌。李林從自己的新點子裡篩出了兩個方案，做出A、B兩份策劃書，明裡麗麗還是經常主動來幫李林做A策劃書，但是李林真正花心思做的是B計畫書。在把這個方案交給領導的時候，李林犯愁了：是當著領導的面戳穿麗麗呢，還是給麗麗一點兒臺階，點到為止，讓她吸取教訓就好？思考良久，李林決定採取第二種方式。

　　領導看過策劃方案後，李林的B計畫當然得到了褒獎，而麗麗也似乎知道了什麼，臉紅極了。

　　之後，李林找麗麗談話：「我之所以沒有在經理面前拆穿你，只是念在朋友情，你積極向上是好的，但是方法一定要正確。如果你改掉不勞而獲的毛病，我們還可以是好朋友！」麗麗哭了。

　　「以其人之道還治其人之身」的目的在於讓別人得到教訓，並非是「以牙還牙，睚眥必報」，在這一點上李林做得非常好。

　　我們在工作中，面對一些小人，可以「以其人之道還治其人之身」，但也要妥善處理好，最好是不打也不鬧，更不要讓對方對你產生恨意，因為這世界上沒有絕對的敵人，無論怎樣，能夠成為好夥伴是件值得珍惜的事。

·禪林清音·

　　君子之交淡如水，小人之交濃如蜜。

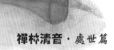

18. 我也可以為你忙

　　佛光禪師有一次見到克契禪僧，問道：「你自從來此學禪，好像歲月匆匆，已有十二個秋冬，你怎麼從不向我問道呢？」

　　克契禪僧答道：「老禪師每日很忙，學僧實在不敢打擾。」

　　時光飛逝，一過又是三年。一天，佛光禪師在路上遇到克契禪僧，又問道：「你參禪修道上，有什麼問題嗎？怎麼不來問我呢？」

　　克契禪僧回答道：「老禪師很忙，學僧不敢隨便和您講話！」

　　又過了一年，克契學僧經過佛光禪師禪房外面，禪師再對克契禪僧道：「你過來，今天有空，請到我的禪室談談禪道。」

　　克契禪僧趕快合掌作禮道：「老禪師很忙，我怎敢隨便浪費您老的時間呢？」

　　佛光禪師知道克契禪僧過分謙虛，不敢承擔，再怎樣參禪，也是不能開悟。

　　佛光禪師知道非採取主動不可，所以又一次遇到克契禪僧的時候，問道：「學道坐禪，要不斷參究，你為何老是不來問我呢？」

　　克契禪僧仍然說道：「老禪師，您很忙，學僧不便打擾！」

　　佛光禪師當下大聲喝道：「忙！忙！為誰在忙呢？我

也可以為你忙呀！」

佛光禪師一句「我也可以為你忙」的話，打入克契禪僧的心中，禪僧克契恍然大悟。

·:道破禪機:·

借 力 而 上

在我們的工作中，很多人兢兢業業，不敢隨便打擾上司，以為這樣就可以讓上司覺得省心，殊不知，很多時候，上司也希望你多多向他們請教，令你可以借力而上，創造更好的業績。

為了自己的進步，你要學會借力，而且不光要向自己的上級借力，還要向所有能助你成功的人借力！

彼特·尤伯羅斯因成功地組織了1984年的洛杉磯奧運會，而被《時代週刊》評選為1984年度的「世界名人」。

在彼特·尤伯羅斯之前，舉辦現代奧運會簡直就是一場經濟上的災難：1976年蒙特利爾奧運會虧掉了十億美元，1980年莫斯科奧運會花費資金九十億美元。然而，彼特·尤伯羅斯組織的洛杉磯第二十三屆奧運會，在洛杉磯政府不提供任何資金的情況下，居然獲得了純利潤一億五千萬美元，令全世界都為之驚歎！實現這個創舉的功臣尤伯羅斯是這樣做的：

不興建大批體育場館，盡可能地利用洛杉磯已有的運動場所；

不建設豪華奧運村，利用該市三所大學的學生宿舍；

必須新建一個游泳池，就以在指定場所營業和做廣告

為條件，說服了當地的麥當勞連鎖速食店，出資四百萬美元，興建了一座豪華壯觀的露天游泳池；

必須新建一個自行車賽場，以同樣的條件，將這個「任務」交給了當地一家「711」商店，並慎重選擇三十家贊助商，這些廠商共出資一億一千萬美元；

找來五十家供應商，每家至少捐助四百萬美元。

如果以上做法還屬常規的話，尤伯羅斯下面的招數更令人咋舌：

讓美國的三大電視網互相競爭爭奪奧運會的獨家播映權（尤伯羅斯的顧問原來估計最多只能得到一億五千萬美元），尤伯羅斯用的是「吊起來賣」的方法，採用「只出一次價」的投標方法。結果，美國廣播公司花了二億七千五百萬美元才取得播映權。

當美國柯達公司認為奧運會應當購買它的照相器材，但是又認為四百萬美元的贊助費太昂貴時，尤伯羅斯果斷地將這一權利出售給了日本的富士公司。

利用人們對奧運會普遍關注的心理，向市民發出了邀請，凡是自願為本屆奧運會義務服務的人，可以為每人發兩套制服，並且供應一份免費的午餐和觀看幾場免費的球賽的機會。邀請發出後，很快得到了三萬多市民的支持，大家都願意義務為本屆奧運會工作，為奧運會節省了大量的人工費用。

以每公里三千美元的價格出售火炬傳遞。也就是說，把火炬傳遞的過程分成若干的小段出售給每一個想過把癮的人。火炬傳遞是奧運會開幕前的第一個節目，這屆奧運會，火炬傳遞儀式從5月8日上午9點30分在紐約的聯

合國大廈前面開始，從東到西，沿途經過了三十二個州和一個特區，再於7月28日奧運會開幕時準時到達洛杉磯紀念體育場，歷時八十二天，全程一萬五千公里，僅此一項，贏得了四千五百萬美元的收入。

尤伯羅斯還把這一屆奧運會的標誌——山鷹，也當做一種商標專利廣泛地出售。

如此這般生意經，尤伯羅斯怎能不為洛杉磯奧運會贏利？

做事情要學會「借力」，除非尤伯羅斯是超級大富翁，否則要辦好奧運會根本就是天方夜譚，然而聰明的尤伯羅斯懂得「借力」——用他人的錢來辦事情，甚至把未來的收益換成現錢來辦事情。

俗話說，一個籬笆三個樁，一個好漢三個幫，有些事情一個人做不來，可加上朋友或親人這些「外力」的幫助，也許就能取得成功。自己解決不了的難題可以依靠他人的力量克服。「他山之石，可以攻玉」的古訓是有其一定的道理的。

⋯禪林清音⋯

嘗試向他人請教問題，解決問題，將會使你豁然解脫。

19. 光芒沒有任何損失

有一個小和尚怕麻煩師父，所以遲遲不敢問師父問題，他對虛塵大師說：「師父，您知道嗎？您給我的答案

我又忘記了。我很想再次請教您，但想想我已經麻煩您許多次了，不敢再去打擾你！」

虛塵大師對他說：「先去點燃一盞油燈。」小和尚照做了。

虛塵大師接著又說：「再多取幾盞油燈來，用第一盞燈去點燃它們。」

小和尚也照著做了。

虛塵大師便對他說：「其他的燈都由第一盞燈點燃，第一盞燈的光芒有損失嗎？」

「沒有啊！」小和尚回答。

「所以，我也不會有絲毫損失的，歡迎你隨時來找我。」

‧‧道破禪機‧‧

學會分享

第一盞油燈把自己的光芒分給了其他油燈，他的光芒並沒有損失，我們在工作中，要歡迎自己的同事、夥伴和自己討論問題，向自己「取經」。

要知道，你與別人分享你的光芒，你的光芒是不會有什麼損失的。

一個偶然的機會，有一位農民從外地換回了一種小麥良種，種植後產量大增。

面對豐收的糧食，這個農民喜出望外，但馬上又變得憂心忡忡，因為他害怕別人知道並且也種上這種良種，那麼他的那份驕傲和優勢就會蕩然無存。於是，他開始想方

設法保密，哪怕是對自己的鄰居也是如此。

　　然而好景不長，到了第三年他就發現，他的良種不良了，到後來甚至連原來的種子也不如了，產量銳減、病蟲害增加，他因此蒙受了很大的損失。而他的鄰居也對這個現象莫名其妙，想不出什麼辦法來幫忙。

　　這個農民捧著自己的良種百思不得其解，一氣之下，跑到省城去請教農科院的專家。

　　專家聽他講完自己的經歷，告訴他：良種田周圍都是普通的麥田，透過花粉的相互傳播，良種發生了變異，品質必然下降。

　　在我們的工作中，有很多人也會犯與這個農民一樣的錯誤，因為害怕與別人分享成果，害怕別人進步而無法讓自己的成長環境變得健康而富有成果，最後自己的成果也化為烏有，讓自己蒙受損失。

　　一個組織目標的達成過程，實際上就是所有參與者共同努力的過程，是共同在目標設定和達成中進行溝通和對話的過程。

　　在這個過程中，只有願意分享，敢於分享，學會分享，才能達到雙贏的結果，才能夠讓組織整體進步。這不僅是一種修養，更是一種共同走向成功的快捷方式。

　　一朵鮮花打扮不出美麗的春天，一個人先進總是單槍匹馬，眾人先進才能移山填海。

　　在組織外部，我們應改變過去那種你死我活的博弈想法，而改用一種尋找雙贏的思路來看待對手。

　　在現時代，大量的企業是既競爭又合作的，我們把這種新型的關係稱為競合。一個十分典型的例子就是英特爾

和微軟。

英特爾的核心產品即晶片，其技術發展速度越快，微軟新的軟體才越有用；同樣，微軟的軟體發展得越好、越先進，那麼英特爾的晶片才真正有用武之地；雙方互相促進，實現雙贏。

電腦發展史上的另一個反例則是蘋果公司。當蘋果公司研究出Mac作業系統，並且成功地運用於電腦上時，它希望能夠佔領包括軟硬體在內的整個食物鏈，因此決定不向其他電腦廠商許可其Mac作業系統，從而犯下了一個不可饒恕的錯誤，演出了「良種悲劇」的現實版。

現在很多企業都可以處在一種競合的狀態中。如果不希望自己失敗的話，就一定要幫助別人成功，因為幫助別人就是在幫助自己。

從組織內部來講，員工之間尤其是主管與員工之間必須分享集體所獲得的成果。

當組織取得進步或階段性的成功時，主管應及時給予員工積極的回饋與回報，與員工一起分享工作的成果，與員工一起總結和提高，給員工一個認可自己的機會，以擴大成功給組織帶來的正面影響，激勵員工繼續進步。

無論是經驗還是成果，有時分享就意味著對獨佔優勢和利益分成的放棄。但是，與分享所能夠帶來的積極和長遠影響比較起來，放棄帶來的損失就可以忽略不計了。因為分享有利於提高整體的士氣，激發組織潛力，鼓勵組織整體持續追求進步，從而也達到了個人進步速度的最大化和收益的最大化。

因此，在工作過程中，要學會分享，學會分擔，做到

取長補短，優勢互補，和同事一起進步，推動組織獲得更高的成就是每個人最好的發展和出路。

・・禪林清音・・

予人玫瑰，手有餘香。

20. 失去雙腿的師父

在一座古老的寺院中，住著一位禪師，帶著兩個小徒弟。師父患有風濕症，兩腿行動不方便，每天分由兩個小徒弟捶腿按摩，減輕痛苦。

每次當大徒弟按摩右腿時，師父就說：「你師弟按摩左腿，按摩得很舒服，你應該像他那樣按摩才好。」大徒弟聽了，心裡很不高興。但當小徒弟按摩左腿時，師父也總是說：「你師兄按摩右腿，按摩得很好！你應該向他學習。」小徒弟聽了，心裡也很不舒服。

有一天，小徒弟不在寺裡，大徒弟來按摩師父的腿時，心裡想著師父對師弟的讚美，越想越氣，終於決定把師弟按摩的師父的左腿打斷，他以後就不會有腿按摩了。

第二天，師弟看他按摩的左腿被打斷時，一氣之下，也把師兄按摩的右腿打斷。

兩個徒弟因為瞋恨、嫉妒把師父的雙腿都打斷了，害得師父變成了跛子。這兩個弟子固然是心黑量小，但是如果禪師表揚他的弟子，而不是批評和貶低他們，是不是就可以避免遭受這種厄運呢？

讚美，讓你獲得好人緣

每個人都希望得到讚美，人性最深切的渴望就是擁有他人的讚賞。不要怕因讚美別人而降低自己的身價，相反，應當通過讚美表示你對別人的真誠。記著這樣一句話：「給活著的人獻上一朵玫瑰，要比給死人獻上一個大花圈價值大得多。」生活中沒有讚美是不可想像的。恰到好處地讚美別人，會讓你獲得更好的人緣，但在讚美別人的時候，也要有所注意。

一、要根據不同人的特點，講適合的讚美的話

如員工年齡較大，資格較老，要表揚他工作經驗豐富，幾十年如一日兢兢業業，他就非常愛聽；大學剛畢業的年輕人，則表揚他有創造性、有魄力，比較合適。但比如一位學歷低的員工搞成了一項技術革新，你表揚他學歷低卻辦成了項許多專家辦不成的事，他就不見得愛聽，畢竟學歷低不是炫耀的資本，甚至可能是他的忌諱。話要說到心坎上，激勵效果才會更顯著。

二、充分考慮讚美對其他同事的影響

由於工作環境的關係，讚美很多時候都是公開進行的。要注意不要無意中傷害其他同事，不要激起其他同事與優秀者的對抗，造成被表揚者「光榮地孤立」的尷尬局面。

一般來講，凡是受到讚美的人都易受到其他人的嫉妒，讚美時要儘量注意其他人的這種情緒。比如表揚優秀

者時，對其他同事的通力合作也要表示讚美，不可用他的成績與平庸者或最差者比較。

三、不直接當面講，間接地讓他知道，效果更好

當你直接讚美別人時，對方很可能以為那是一種口是心非的應酬、恭維話，意在討好他罷了。但是如果透過第三者的傳達，如在其他同事或他本人的親人面前讚美，效果便會不同，當事人會認為那是十分認真、客觀的讚美，毫無虛偽，往往會真誠接受，感激不已。

四、最好對事，而不要對人讚美

對事不對人是批評的原則，也是表揚的原則。這可以使讚美不摻雜個人的好惡的感情色彩，成為客觀公正的評價，令所有人心服口服。要讓別人感到，你的讚美並非對哪個人有好感，而是他做出了成績，從而激勵所有的人。謀事不謀人。

五、讚美要實事求是，過分的讚美效果反而不好

比如有一位技術人員做成了一項只在國內領先的技術成果，你讚美其為國際領先的技術，當事人就會以為你在諷刺他。

六、讚美是有效的激勵方式，但不可濫用，否則，效果就會減弱

如果沒有值得讚美的事而經常讚美，對別人心理上的衝擊波就會越來越小，激勵作用也就越來越小，時間一長，就是失去效用。

懂得這些讚美的原則並善加利用一定會給你的生活帶來許多意想不到的好處。

馬克‧吐溫曾經說過：「一句精彩的贊辭可以代替我

十天的口糧。」讚美對每個人而言都是生活的必需品，當你讚美別人的時候，不但別人會感到舒心，你自己也會感到愉快和滿足，所以，我們不要吝嗇自己的讚美。

只一聲輕輕的讚美，就能拉近你與世人的距離。

21.「直言不諱」的小和尚

一次，小和尚去看自己的朋友悟德和尚，悟德安排小和尚住了一宿，還以豐盛的晚餐款待了他。第二天早晨，小和尚起身要走，悟德送他到寺院門口，說：「原諒我吧，朋友，沒有能好好招待您。」

「沒關係。」小和尚回答，「你招待得很好，只是有一點，也是我唯一不喜歡你的地方，就是你身上那股臭味。」

悟德聽了一驚，手上的缽盂掉在了自己的腳上，但他沒有吭一聲。

小和尚走了。

若干天後，有一次，小和尚在化緣時遇到了悟德，便問：「你的腳痊癒了嗎？」

「我的腳受過傷嗎？」悟德反問。

「上次你被缽盂砸傷的……」

「噢，那次痛了一陣子，後來就不痛了，傷口癒合後，我就忘了。不過那次你說的話，我一輩子也忘不了。」

∴道破禪機∴

說話要委婉

「直言直語」是人性中一種很可愛、很值得大家珍惜的特質，因為唯有這種直言直語的人，才能讓是非得以分明，讓正義邪惡得以分明，讓美和醜得以分明，讓人的優缺點得以分明。只是在人性叢林裡，「直言直語」有時卻是致命傷，理由有下列幾點：

一是喜歡直言直語的人在說話的時候常常只看到現象或問題，也常只考慮到自己的「不吐不快」，而不去考慮旁人的立場、觀念、性格。他的話有可能一派胡言，但也有可能鞭闢入裡：一派胡言的「直言直語」，對方明知卻又不好發作，只好悶在心裡；鞭闢入裡的直言直語因為直指核心，讓當事人不得不啟動自衛系統，若招架不住，恐怕就懷恨在心了。

所以，直言直語不論是對人或對事，都會讓人受不了，於是人際關係就出現了阻礙。別人寧可離你遠遠的，免得一不小心就要承受你的直言直語；如果不能離你遠遠的，那麼，就想盡一切辦法把你趕得遠遠的，眼不見為淨，耳不聽為靜。

二是一般喜歡直言直語的人，都具有「正義傾向」的性格，其言語所爆發的殺傷力也是極其地強，所以有時候這種人也會變成別人利用的對象，鼓動你去揭發某事的不法，去攻擊某人的不公。

不管成效如何，這種人總要成為犧牲品，因為成效

好，鼓動你的人坐享戰果，你分享不到多少；成效不好，你必成為別人的眼中釘，是排名第一的報復對象。所以，在人性叢林裡，直言直語是一把傷人又傷己的雙面利刃，而並非劈荊斬棘的開山刀。

既然如此，何不硬話軟說，讓自己的舌頭打個彎，將話說得委婉含蓄點兒，既不傷人又不傷己，何樂而不為呢？

在美國，一家貿易公司的經理設計了一個商標，開會徵求各部門的意見。經理報告說：「這個商標的主題是旭日，象徵希望和光明。同時，這個旭日很像日本的國旗，日本人看了一定會購買我們的產品的。」然後他徵求各部門主任的意見。營業主任和廣告主任都極力恭維經理構思的高明。

最後輪到代理出口部主任的青年職員發表意見，他說：「我不同意這個商標。」全室的人都瞪大了眼睛看著他。「怎麼？你不喜歡這個設計？」經理吃驚地問他。

「我是不喜歡這個商標。」青年人豪爽地回答。其實，從藝術方面上的觀點來說，這位青年人實在是有點討厭那個紅圈，他清楚地明白，與經理辯論審美觀顯然是得不到什麼效果的，因此他只好說：「我怕它太完美了。」

這時經理就笑了起來說道：「這倒使我不懂了，你解釋一下看看。」

「這個設計鮮明而生動，並且與日本的國旗很相像，不管哪一個日本人都會喜歡的。」

「是啊，其實我的意思正是如此，這是我剛才已經說過的。」這時經理就有些不耐煩地對他說。

「然而，我們在遠東還有一個重要市場，那就是中國和東南亞的一些國家。這些國家和地區的人們看到這個商標，也會想到日本的國旗，由於歷史的原因，這些國家和地區的人們就不一定喜歡，甚至可能產生反感，從而不願意買我們的產品，這不是因小失大了嗎？

照我們公司的營業計畫，是要擴大對中國及東南亞國家的貿易的，但是用這樣一個商標，其最終結果是可想而知的。」青年人答道。

「天啊！我怎麼沒有想到這一點，你的意見實在是對極了！」這時的經理差點要叫了起來。

這位青年如果也是和其他人一樣地對經理唯命是從，將旭日做成商標，將來產品銷到遠東之後，生意清淡，存貨退回，那時即使意識到其原因是由於商標問題，也無可挽回了，況且那位代理出口部出席那次會議的青年能推卸責任嗎？

要向一位有權威的人表示反對意見拒絕，你必須要有充分的理由，更要說得使他完全信服。因此，技巧的運用不能不講究。

你看上述例子中，那位青年一句「我怕它太完美了」這樣的恭維話，首先是滿足了經理的自尊心，同時也不會使他產生反感，然後，你再陳述充分的理由，那麼，經理也就根本不會為此而感覺難堪了。

·禪林清音·

傷人之語，如水覆地，難以挽回。

22. 沙彌買雞

有位養雞場的主人，向來討厭沙彌，因為他覺得大多數沙彌道貌岸然，講的是一套，做的又是另一套，尤其有些傢伙，滿口仁義道德，私下卻幹些見不得人的勾當，更讓他義憤填膺，咬牙切齒。

為了滿足「替天行道」的正義感，養雞場主人有事沒事，專喜歡信口散佈沙彌的謠言。

有一天，有兩個沙彌上門，說要買隻雞。生意上門，總不好往外推，主人讓他們在偌大的養雞場裡挑了半天，沒想到，他們卻挑中了一隻毛掉得幾乎禿了，又跛腳的公雞。

主人很奇怪，便問他們為什麼要買這只醜陋難看的公雞？其中一位沙彌回答：「我們想把這隻雞買回去養在修道院裡，路過的人看見要問起的話，我們就說這是你的養雞場養出來的雞。」

主人一聽，急了，連忙搖頭：「不行，不行！你們看看我這養雞場裡面的雞，哪一隻不是養得漂漂亮亮、肥肥壯壯的，就這一隻不知道怎麼搞的，一天到晚愛打架，才會弄成這種醜模樣，你們拿它對外當代表，別人會誤會我的雞都這樣，對我實在太不公平了！」

另外一位沙彌笑嘻嘻地回答：「對呀！少數幾個沙彌行為不檢點，你卻喜歡拿他們來當代表，對我們來說，也同樣太不公平了吧？」

莫以偏概全、散佈謠言

現在的職場中普遍存在著「養雞場主人」這樣一類人，他們資歷不深但很「勤奮」，像跳蚤一樣沒日沒夜地跳躍著，對很多事情都有自己的「獨到見解」，不管真相是否屬實，就搬弄是非，散佈謠言。他們每到一個地方，總會以「消息靈通人士」的身份散佈各種小道消息，除了說同事的壞話，甚至連對他恩寵有加的老闆往往也不放過——當然，這往往是他們的習慣使然，因為他們習慣於看到負面的消息，他們根本不懂得「一個優秀員工應該始終傳播企業的正面、積極的資訊」的道理。

一個公司如果存在「跳蚤」，那是正常的事，但是如果一個公司縱容「跳蚤」，那麼這個公司就是不健康的。因為我們都知道，適合跳蚤生存的環境肯定是污濁的環境，有跳蚤的房間肯定是空氣不流通、黴味重的房間。而當一個公司「跳蚤」橫行時，這個公司就會不可避免地陷入以下幾種困境：

第一，公司老闆對員工的不信任會隨著「跳蚤」製造的耳邊風而增強，於是老闆開始向下越權，插手自己不該插手的事情，最終一方面導致公司層級混亂，另一方面導致老闆到處救火，而火卻越救越大。

第二，員工會因為老闆的越權和不授權而喪失信心，要嘛走人，要嘛不作為。

第三，公司內部會因為「跳蚤」的挑釁而形成勾心鬥

角的不良氛圍。

一個人，如果瞭解事情的真相，控制不住發洩一下，個別時候「跳一跳」，那也是很正常的事情；但是如果一個人變成以偏概全、散佈謠言的「跳蚤」，那麼他是很難有前途的。

民間有一個傳說，說劉邦當年被項羽追殺，逃到一棵樹下的時候，樹上躲著一個小孩，尿了他一頭，劉邦很生氣，但沒有對小孩發怒，反而給了他一些錢買糖，讓他趕快從樹上下來，不然太危險。

小孩拿了錢以後，以為所有人都像劉邦這麼好心，便又重新爬回到樹上，準備如法炮製對待下一個人，說不定還能得到更多的錢。下一個來的人便是追殺劉邦的項羽，到項羽來時，那小孩當然也尿到了項羽的頭上，結果卻是被脾氣火暴的項羽一刀了結了。

故事中的小孩就像「養雞場主人」一樣，以偏概全，自以為瞭解世道，殊不知自己只是塵世間的一隻可笑的「跳蚤」。

「跳蚤」的結局有多種：

一是被打入冷宮。「路遙知馬力，日久見人心」，聰明的老闆遲早會看清「跳蚤」的真面目，於是就像那個發明「跳蚤實驗」的教授一樣，用一塊透明玻璃將「跳蚤」蓋在瓶子裡。

二是改邪歸正，重新做人。隨著社會經驗的增加，對職場遊戲規則的瞭解增加，有些「跳蚤」會逐漸明白天有多高，地有多厚，改邪歸正，重新做人。

三是成為職場政治鬥爭的犧牲品。職場江湖很險

惡，「薑還是老的辣」。生性浮躁，不知天高地厚，損人利己的小丑，可能會在某一個公司春風得意，或者在某一個時間段平步青雲，但最終逃脫不了成為「項羽們」手下犧牲品的命運。

╔═∴ 禪林清音 ∴═╗

多門之室生風，多言之人生禍。

23. 愛面子的禪師

清朝同治年間，有個得道的禪師，他非常精通卜算術，多次幫人排憂解難，深受人們尊重。

一次，他給自己算了一卦，卦底讓他大吃一驚：後天凌晨啟明星消失時將是他的死期！

禪師非常悲傷，後來還是平靜地把這個消息告訴了他的弟子。匆匆安排完後事，又做了簡單的準備，禪師就開始靜靜地等待死期來臨。可是他的身體狀況很正常。

第二天晚上，人們都來為他送行。太陽就要爬出地平線了，啟明星異常明亮。

禪師從容地登上藏經閣，打開百葉窗。樓下，人們靜靜地為他祈禱。

朝霞漸漸染紅了東方的天空，禪師的身體依然沒有任何不適。他實在想不出，滅頂之災將會以怎樣的方式降臨。

可憐的禪師不由得擔心起來：到了那個可怕的時刻，卦底若是出現些許差錯，豈不壞了幾十年苦心經營的名

聲？到時老臉將往哪裡放？啟明星漸漸變暗，變暗⋯⋯呀！啟明星消失了。人們都在歡呼雀躍祝賀禪師倖免於難。

禪師卻縱身一躍，毅然從藏經閣上跳下！

⋯道破禪機⋯

放下自己的面子

愛面子對於一個人的工作造成了很大的阻力，死要面子將會使你在工作中很難取得成功。激烈的競爭在當今社會是一件非常現實和殘酷的事情。我們每個人都全力以赴去爭取完成自己的工作，同時還要做好隨時被裁掉的準備。在這種大環境下，每個人都應該持有一種能上能下的工作態度，不要過分顧慮自己的面子，對於我們來說，能穩定地擁有一份工作比死要面子強多了。

林峰曾經在一家總部設在德國的跨國公司的三藩市分公司工作，公司剛成立時，聘用了林峰做美國公司的總裁。林峰畢業於美國名校斯坦福大學，而且曾經在甲骨文公司擔任過高級職位。在高科技繁榮的年代，林峰是個搶手的人才。上任之前，林峰和總公司簽訂了合約，保證公司的業績在他的領導下更上一層樓。但是，隨著泡沫經濟的破碎，林峰的承諾未能兌現，理所當然地被公司依照合同解雇了。

按照愛面子的人的思維，林峰的下一個工作一定是另外一家公司的總裁，即使不是總裁，也應是管理層的高級職員。但事實上誰都沒有想到，林峰選擇在一家小公司裡

做一個普通職員。而且林峰自己還覺得能在競爭如此激烈的今天重新找到一份工作已經是一件很幸運的事情了，如果要求一定要做總裁或高管，現在自己說不定還在家吃老本呢。

在林峰看來，面子對於自己來說不占任何分量。但你看了這個故事以後，也許會有這樣的疑問，林峰是不注重面子，但他是不是少了點上進心，明明可以做總裁的人卻甘願做個普通職員。相信讀了下面這個真實的故事你就不會再有這樣的想法了。

維斯卡亞公司是20世紀80年代美國最為著名的機械製造公司，其產品銷往全世界，並代表著當時重型機械製造業的最高水準。許多人畢業後到該公司求職遭到拒絕，原因很簡單，該公司的高技術人員爆滿，不再需要各種技術人才。但是令人垂涎的待遇和足以讓人自豪的地位仍然向那些求職者閃爍著誘人的光芒。

史剛是哈佛大學機械製造專業畢業的高材生，和許多人的命運一樣，他在維斯卡亞公司每年一次的用人測試會上被拒絕了，其實這時的用人測試會已經徒有虛名了。但是史剛並沒有死心，他發誓一定要進入維斯卡亞重型機械製造公司。於是，他採取了一個特殊的策略——放低身段，應徵該公司的保潔人員。

史剛被錄取了，一年來，他勤勤懇懇地重複著這種簡單而勞累的工作。為了糊口，下班後他還要去酒吧打工。這樣，雖然得到了部門經理和工人們的好感，他卻始終沒有一展自己專業才華的機會。

20世紀90年代初，公司的許多訂單紛紛被退回，理由

均是產品品質問題，為此公司將蒙受巨大的損失。公司董事會為了挽救頹勢，緊急召開會議商議對策。當會議進行大半卻未有眉目時，史剛闖入會議室，提出要直接見總經理。

在會上，史剛把對這一問題出現的原因作了令人信服的解釋，並且就工程技術上的問題提出了自己的看法，隨後拿出了自己對產品的改造設計圖。

這個設計非常先進，恰到好處地保留了原來機械的優點，同時克服了已出現的弊病。

總經理及董事會的董事見到這個清潔工如此精明在行，便詢問他的背景以及現狀，史剛當即被聘為公司負責生產技術問題的副總經理。

原來，史剛在做清掃工時，利用清掃工的職務之便，細心查看了整個公司各部門的生產情況，並一一作了詳細記錄，發現了所存在的技術性問題並想出了解決的方法。為此，他花了將近一年的時間做設計，獲得了大量的統計資料，為最後一展雄姿奠定了基礎。

在林峰和史剛的腦子中不存在面子的概念，在他們看來，首先一定要有工作，不管這個工作是不是符合他們的身份，能否給他們長面子；其次為了得到自己想要的更好的工作，不惜放下面子從底層做起。這種性格最適於市場經濟的競爭化生存，所以，適合於每一位希望在市場中求得生存與成功的有志之士。

╔╴∵禪林清音∵╶╗

一念放下，萬般自在。

24.　一匹馬所帶來的煩惱

從前有座山，山上有個廟，廟裡有一個老和尚和一個小和尚。

一天，小和尚建議師父：「如果買一匹馬，您就不用整天這麼勞累奔波了，可以輕鬆很多。」

老和尚如願以償買到了馬匹，中午正想美美地睡個午覺，突然，小和尚跑了進來，說道：「師父，我們忘了一件事，今晚馬兒睡哪兒呀？我們應該給馬建個馬棚。」

老和尚想，徒兒的建議很有道理，很及時。於是，老和尚決定馬上給馬建個馬棚。

馬棚終於建好了，老和尚累了一天，正想躺下好好休息一下，小和尚又跑到跟前，說道：「師父，馬棚雖然建好了，但是你整天忙於化緣，而我又要學禪，平時誰來養馬呀？我們還少一個養馬的。」

老和尚想，徒兒的建議有道理，很及時。於是，老和尚決定聘請一個馬倌。

第二天，老和尚剛睡醒，小和尚跑了進來，說道：「師父，今天我又想起一件事，以前廟裡就咱倆，飽一頓餓一頓的，很好打發。可現在，人變多了，我們應該再請一個廚師呀！」

老和尚想了一下，覺得小和尚的建議的確有道理，也很及時。於是，老和尚決定聘請一個廚師兼保姆。

吃完早飯，老和尚正準備外出講經，小和尚跑到跟前，說道：「師父，廚師已經請來了。不過，他說廟裡沒

有廚房，讓我們趕緊造一間。他還說，他年老力衰，又不會算帳，讓我們再請一個夥計，幫他買買菜，打個下手。」

突然間，老和尚悟出了什麼，想想以前的日子呀，多簡單、多輕鬆呀……他對小和尚說：「這匹馬只會讓我覺得更累，趕快賣了它！」

捨掉一些無謂的忙碌

對於老和尚來說，這匹馬確實是個「累贅」，它帶給老和尚的麻煩遠大於他的作用。透過這個故事，我們應該反思一下自己的工作。工作中你是不是整天忙忙碌碌，卻沒有什麼工作成果？如果是這樣的話，那麼，你就是養了太多匹讓你勞碌的「馬」了！氾濫的忙碌只會讓我們降低工作效率，失去休息時間。

《時代》雜誌曾經報導過一則封面故事「昏睡的美國人」，大概的意思是說：很多美國人都很難體會「完全清醒」是一種什麼樣的感覺，因為他們不是忙得沒有空閒，就是有太多做不完的事。

美國人終年「昏睡不已」，聽起來有點不可思議。不過，這並不是好玩的笑話，這是極為嚴肅的話題。

仔細想一想，你一年之中是不是也像美國人一樣，沒多少時間是「清醒」的？每天又忙又趕，熬夜、加班、開會，幾乎佔據了你所有的時間。有多少次，你可以不擔心明天的業務報告，安安穩穩地睡個好覺？

　　應接不暇的雜務明顯成為日益艱巨的挑戰。許多人整日行色匆匆，疲憊不堪。放眼四周，「我好忙」似乎成為一般人共同的口頭禪，忙是正常，不忙是不正常。試問，還有能在行程表上擠出空閒的人嗎？

　　奇怪的是，儘管大多數人都已經忙昏了頭，每天為了「該選擇做什麼」而無所適從，但絕大多數的人還是認為自己「不夠」。這是最常聽見的說法，「我如果有更多的時間就好了」、「我如果能賺更多的錢就好了」，好像很少聽到有人說：「我已經夠了，我想要得更少！」

　　事實上，太多選擇的結果，往往是變成無可選擇。即使是芝麻綠豆大的事，都在極大地消耗人們的精力。根據一份調查，有一半的美國人承認，每天為了選擇醫生、旅遊地點、該穿什麼衣服而傷透腦筋。

　　如果你的生活也不自覺地陷入這種境地，你就要來個「清理門戶」的行動，那麼以下有三種選擇：

　　第一，面面俱到，對每一件事都採取行動，直到把自己累死為止。

　　第二，重新整理，改變事情的先後順序，重要的先做，不重要的以後再說。

　　第三，丟棄；你會發現，丟掉的某些東西，其實是你一輩子都不會再需要的。

　　當你發現自己被來自四面八方的各種瑣事捆綁得動彈不得的時候，難道你不想知道是誰造成今天這種局面？是誰讓你昏睡不已？答案很明白——是你自己，不是別人。

　　「昏睡」中忙碌著的你我，必須學會割捨，才能清醒地活著，也才能享受更多的自由。

世事茫茫如水流，誰將逍遙掛心頭？

25. 天帝的拜訪

　　佛陀因前生曾積存足夠的福德而投生在天界，成為天界的帝王。

　　他看到以前的朋友承受著婦人的身體，投生成富商的妻子，貪戀財寶和美貌，根本沒想過世事無常的真理，而且她還坐在市場做買賣，想要博取世上的名聲。看到這種情形，天帝便化為一個客商，來拜訪那位婦人。

　　婦人按照招待顧客的慣例，請客商坐下來。客商認識婦人，微微帶有笑意。婦人覺察到了，心中頗為驚訝，但是，客商並沒有輕薄的態度，只是覺得這笑有著更深的意涵。

　　婦人的旁邊站著一個小孩，手擊著小鼓，自己尋找樂趣，客商也認識這個小孩，依然微微笑著。

　　鄰居的父親生病了，想要殺牛祈福禱告，便牽了一條牛過去，客商也認識那位牽牛的少年，默默地微笑。沒多久又來了一個鄰居的婦人，手上抱著寵愛的兒子，那個兒子手裡玩弄著小刀，不小心割破母親的臉頰，血流到脖子上，大家都被嚇到了，只有客商還是微微笑著。

　　富商的妻子看到那位客商的舉止行為，越來越覺得詫異，便問客商說：「客人您坐在我面前，一直微笑，又看著我的兒子和那些鄰居不停地笑著，到底是什麼原因？」

客商回答：「你是我的好友啊！你怎麼忘了？」

婦人聽了很不高興，責怪客商輕薄無禮。客商回答道：

「玩弄小鼓的小孩本來是你的父親。當年他死之後，因為前世的罪業，投胎成為一頭牛，而牛皮被用來製造鼓面。牛被宰殺之後，罪孽已經還清，又投生在人道中，剛好你懷孕了，於是當了你的兒子，前後相隔一世，做你的父親又當了你的兒子，已經不認識了。小孩手上的鼓，鼓面的牛皮就是那小孩以前身體的牛皮，小孩竟然還在敲打玩弄，忘記痛苦只顧著玩樂，被蒙蔽以至於看不清本來的情形。就像鄰居那家人，因為父親身患病痛，竟然要殺牛去諂媚神明。牛終究會轉生為人，父親死後卻會變成牛，兩人對換了彼此的因緣，然後在裡頭尋找痛苦和快樂。那些人這麼昏暗愚昧，愚笨的孝行反而牽累到父親。那位鄰家婦人前世是他的大老婆，那個玩刀子的小孩在前世是二老婆。大老婆兇悍善妒，常常虐待二老婆。大老婆死之後仍然做人家的妻子，但二老婆死後卻投生為大老婆的兒子，於是用刀割破她的臉頰，以報復前世的冤仇。鄰家婦人雖然受苦，但因為前世的業報，不敢心生怨恨。唉！人間的事沒有恆常不變的，只有業報會永遠追隨一生，如影隨形。千萬不要心生愚笨的惡念，應馬上精進勤修，盡力追求解脫。我今天回去，以後如果有緣再見，會再來你家的。」說完客商便消失不見了。

婦人逐漸了悟，慢慢除去貪心，改變華麗而崇尚儉樸了，並且誠心吃齋，收攝散亂的內心，扶正偏邪的念頭，勤奮奉行佛的教化。

與 人 為 善

做人，要一身正氣，內心不可有邪念，有一顆善良的心。有了善良的心，人就會受到生活的眷顧。有一則故事就是強調與人為善、尊重他人定會受人尊重的意義的。

一個美國商人在街上碰到了一個衣衫破舊的鉛筆推銷員，頓生可憐之心，於是從身上拿出一塊錢，扔進鉛筆推銷員的懷裡就走了。過去之後，忽然又覺得不妥，於是又返回來從鉛筆推銷員的手裡抽出了幾根鉛筆說：「不好意思我忘記拿鉛筆了，希望你不要介意。」又說：「你是賣筆的，而且筆上有標價，我跟你一樣，也有自己的商品，商品跟你的筆一樣都有標價，所以你我都是商人！」說完微笑著走了。

在一年後的一個社交場合上，一位穿著很整齊的推銷商來到那位美國商人的面前，自我介紹一下之後說：「您可能忘記我了，我也不知道您的名字，但我永遠都不會忘記您的，您就是重新給我自尊的人，我一直以為我是個賣鉛筆的乞丐，直到您走過來告訴我我也是個商人為止。」

與人為善，寬容待人，主動關心和幫助別人，這樣的人一定會為人所喜歡，受人尊重；同時，別人也樂意為他們提供機會和幫助，因此與人為善的人更容易成功。

一天，一個貧窮的小男孩為了賺夠學費正挨家挨戶地推銷商品。勞累了一整天的他此時感到十分饑餓，但摸遍全身，卻只有一角錢。怎麼辦呢？他決定向下一戶人家討

口飯吃。

　　當一位美麗的年輕女子打開房門的時候，這個小男孩卻有點不知所措了。他沒有要飯，只乞求給他一口水喝。這位女子看到他很饑餓的樣子，就拿了一大杯牛奶給他。男孩慢慢地喝完牛奶，問道：「我應該付多少錢？」年輕女子回答道：「一分錢也不用付。媽媽教導我們，施以愛心，不圖回報。」男孩說：「就請接受我由衷的感謝吧！」說完男孩離開了這戶人家。

　　此時，他不僅感到自己渾身是勁，而且還看到上帝正朝他點頭微笑，那種男子漢的豪氣像山洪一樣迸發出來。其實，男孩本來是打算退學的。

　　多年之後，那位女子得了一種罕見的病，當地的醫生對此束手無策。最後，她被轉到大城市醫治，由專家會診治療。當年的那個小男孩如今已是大名鼎鼎的霍華德‧凱利醫生了，他也參與了治療方案的制定。當他看到病歷上所寫的病人的來歷時，一個奇怪的念頭霎時間閃過他的腦際，他馬上起身直奔病房。

　　來到病房，凱利醫生一眼就認出床上躺著的病人就是那位曾幫助過他的恩人。他回到自己的辦公室，決心一定要竭盡所能來治好恩人的病。從那天起，他就特別關照這個病人。經過艱辛努力，手術成功了。凱利醫生要求把醫藥費通知單送到他那裡，在通知單的旁邊，他簽了字。

　　當醫藥費通知單送到這位特殊的病人的手中時，她不敢看，因為她確信，治病的費用將會花去她的全部家當。最後，她還是鼓起勇氣，翻開了醫藥費通知單，旁邊的那行小字引起了她的注意，她不禁輕聲讀了出來：「醫藥

費——一滿杯牛奶，霍華德‧凱利醫生。」

在生活中要學會行善，在工作中對待客戶、同事也要與人為善，因為你的善良不僅會收穫善果，獲得真正的友愛，還會有意想不到的驚喜。

‧‧禪林清音‧‧

為善，雖一介寒士，人服其德；為惡，雖位極人臣，人議其過。

26. 背著大包袱的青年

一個青年背著個大包袱千里迢迢跑來找無際禪師，他說：「大師，我是那樣的孤獨、痛苦和寂寞，長期的跋涉使我疲倦到極點；我的鞋子破了，荊棘割破了雙腳；手也受傷了，流血不止；嗓子因為長久的呼喊而沙啞……為什麼我還不能找到心中的目標呢？」

禪師問：「你的大包袱裡裝的什麼？」

青年說：「它對我可重要了！裡面裝的是我每一次跌倒時的痛苦，每一次受傷後的哭泣，每一次孤寂時的煩惱……靠它，我才走到您這兒。」

於是，無際禪師帶著青年來到河邊，他們坐船過了河。

上岸後，禪師說：「你扛上船趕路吧！」

「什麼？扛船趕路？」青年很驚訝，「它那麼沉，我扛得動嗎？」

「是的，孩子，你扛不動它。」禪師微微一笑說，

「過河時，船是有用的。但過了河，我們就要放下船趕路，否則，它會變成我們的包袱。痛苦、孤獨、寂寞、災難、眼淚，這些對人生都是有用的，它們能使生命得到昇華，但念念不忘，就成了人生的包袱。放下它們吧，孩子，生命不能承受過重的東西！」

青年放下包袱，繼續趕路，他發覺自己的步子輕鬆而愉悅，比以前快得多了。

原來，生命是可以不必如此負重的。

·..道破禪機·..

別忘了給自己減壓

置身於複雜的社會中，面對激烈的競爭和生存壓力，每個人好像都變成了一個沒有安全閥的鍋爐，當壓力到了無法承受的程度，某一天就會突然爆炸——精神徹底崩潰。

人生是一個漫長又短暫的過程，我們的事業不可能總是一帆風順，我們的生活不可能總是風平浪靜，挫折、失敗、困境在所難免。既然人生的旅途佈滿荊棘，那麼前進的途中難免要受傷，問題的關鍵是如何正確對待客觀環境，如何正確對待我們自己的內心。

有人說：「壓力是彈簧，你弱它就強。」其實，這話也對也不對。有些壓力越是逃避反而變得越重，有些壓力只要你敢放棄就消失了。

假如你因為受挫折而不敢舉步向前，而別人都在大踏步向前，你看到別人前行的背影而倍感壓力，那你就不應

該繼續坐等什麼機會來臨、貴人相助了，只有大膽地鼓足勇氣，在壓力下茁壯成長才是正途，一味地逃避只會導致壓力越來越重。

例如你因為和周圍人收入差距拉大而倍感壓力，只要你綜合自己條件考慮清楚，現有的薪資雖不及別人高，但能夠滿足你的吃穿住用行，又何必非要和別人去比呢？這種壓力完全可以靠你的主動放棄而釋然。

減壓是一門職場必修課，每個職場中人都應該對眼前壓力做到心中有數，必要時給自己減減壓，千萬別只顧給自己加壓。

∴禪林清音∴

境來不拒，境去不留，一切隨緣，能得自在，放下即得解脫。

27. 雲在青天水在瓶

唐代的李翱十分崇尚唯嚴禪師的德行，所以在他任朗州刺史時，曾多次邀請唯嚴禪師下山參禪論道，然而都被唯嚴禪師婉言謝絕了。沒辦法，李翱只得親自去拜見唯嚴禪師，去的那一天，正好碰上禪師在山邊的樹下閉目養神。

雖然是太守親自來拜訪自己，但是禪師卻毫無起迎之意，對李翱表現得不理不睬。見此情形，侍者便提醒唯嚴說：「太守已等候您很長時間了。」唯嚴禪師只當沒聽見，只是一個勁兒地閉目養神。

　　李翱偏是一個性子火暴之人，他看禪師這種毫不理睬的態度，就忍不住大聲斥責道：「真是見面不如聞名！」說完便甩著袖子想離開。

　　這時候，唯嚴禪師才慢慢地睜開眼睛，慢條斯理地問：「太守為什麼會看重遠的耳朵，而輕視近的眼睛呢？」這話是針對李翱「眼之所見不如耳之所聞」而說的。李翱聽了也很吃驚，忙轉身拱手謝罪，並請教什麼是「戒定慧」。

　　「戒定慧」是北宗神秀宣導的漸修形式，即先戒而後定，再由定生慧。但唯嚴禪師是石頭希遷禪師的法嗣，屬於惠能的南宗，講究的不是漸修，而是頓悟法門。

　　因此，唯嚴禪師便回答他說：「我這裡沒有這種閑著無用的傢俱！」

　　李翱丈二和尚摸不著頭腦，只得問：「大師貴姓？」唯嚴禪師說：「正是這個時候。」

　　李翱更糊塗了，他只好悄悄地問站在一旁的寺院總管：「剛才大師的回答是什麼意思？」

　　總管說：「禪師姓韓，韓者寒也。時下正是冬天，可不是『韓』嗎？」

　　唯嚴禪師聽後說：「胡說八道！若是他夏天來也如此問答，難道『熱』嗎？」

　　李翱忍俊不禁，笑了幾聲，氣氛頓時輕鬆多了。他又問禪師什麼是「道」。唯嚴禪師用手指指天，又指指地，然後問他：「領會了嗎？」

　　李翱搖搖頭說：「沒有領會。」

　　禪師又說：「雲在青天水在瓶。」李翱還是不解。

唯嚴禪師的「雲在青天水在瓶」大約有兩層意思：

一是說，雲在天空，水在瓶中，正如眼橫鼻豎一樣，都是事物的本來面貌，沒有什麼特別的地方。你只要領會事物的本質，悟見自己本來的面目，也就明白什麼是道了。

二是說，瓶中之水，猶如人心一樣，只要保持清淨不染，心就像水一樣清澈，不論裝在什麼瓶中，都能隨方就圓，有很強的適應能力，能剛能柔，能大能小，就像青天上的白雲一樣，自由自在。

這時，突然一道陽光射了下來，正巧照見瓶中的淨水，李翱頓有所悟，不禁隨口念了一偈：「煉得身形似鶴形，千株松下兩函經。我來問道無餘說，雲在青天水在瓶。」

不知他是領會了唯嚴說的禪機呢，還是在讚美老禪師說得好，抑或是說老禪師道行高，反正這首詩成了千古絕唱的禪偈。唯嚴禪師開始故意不理睬李翱，是想挫挫他的傲氣和火氣，以便投入參禪問道的心境，最後見他心平氣和之後，這才對他說了入道的真諦：雲在青天水在瓶。

⌐∵道破禪機∵⌐

練就一顆平常心

以平常心觀不平常事，則事事平常。平常心不是看破紅塵，平常心不是消極遁世，平常心是一種境界，平常心是積極人生，平常心是道。不以物喜，不以己憂，無時不樂，無時無憂。工作本極平常，敬業不衰，全力以赴，竭

盡心智……

　　小A大學畢業後，就加盟某公司，成為其辦公室的一名普通職員。兩年下來她覺得自己是這個世界上最不幸的人：生不逢時，沒有好工作，沒有錢，沒有房子，每月的薪水少得可憐，還要早出晚歸，真是沒勁透了。

　　直到有一天，她碰到一個在工廠打工的女孩，女孩一臉羨慕地說：「像你這樣有份工作多好！我們廠子不景氣，我已經快半年沒班上了。」小A告訴她已經感覺上班太累了，正想辭職不幹呢。女孩驚訝地說：「到哪兒不受氣？喝涼水還嫌塞牙呢！應該好好珍惜。」

　　小A怔住了，不知如何回答。回到家裡思考了一個晚上，她才發現，自己並非一無所有，生活得還算蠻好的。原來自己的不快樂，皆因自己太過浮躁，缺少一顆平常心。

　　平常心，說穿了其實並非什麼深不可測的學問，也不是什麼玄機奇妙的東西，它只是平凡人的平常心而已，也就是說看花是花，看山是山，吃飯時吃飯，睡覺時睡覺。看似簡單，但做起來卻不是那麼容易，皆因人心太複雜了。世上本無事，庸人卻自擾。人們總是喜歡自尋煩惱，辦公室裡的是非糾紛往往就是由此而起。《商道》中說「財上平如水，人中直如衡」，這是做生意、辦企業的寶典，也是做好工作的忠言。

︰︰禪林清音︰︰

　　美好的事物，需要一顆平常心，才能體會出其價值來。

28. 「可憐」的雪峰禪師

雲門禪師是浙江人，他三十五歲那年，經人介紹去參拜著名的雪峰禪師。

這天他來到雪峰所在的大山下，並沒有直接上山，而是坐在一塊大石頭上在等什麼。

這時來了一個小和尚挑著水正準備上山，雲門便走上前去對那和尚說：「你是不是要上山去？」小和尚點頭稱是。「那請你為我帶幾句話給雪峰吧，不過你一定不要說出是我讓你說的。」小和尚答應了。

於是雲門禪師便說：「你到了寺裡，第二天一早等大家集合完畢，方丈開始講法時，你便出來站在他面前說：『可憐的老傢伙，你愛不愛佛法？』」

第二天等到雪峰剛要講法時，小和尚突然說出了雲門教給他的那些話。雪峰一聽愣住了，他知道小和尚沒有這麼高的悟性，講不出這樣的話來，於是便跑過去抓住小和尚的衣領道：「快說！快說！這是誰告訴你的？」

小和尚一邊掙扎一邊辯解，死活不說是誰告訴他的。雪峰見狀便叫侍者拿繩子來捆他，他嚇得渾身哆嗦，只好坦白說：「是山下的一個和尚教我說的，他不讓我告訴你們是他說的。」

雪峰聽罷便對眾人說：「你們的導師來了，趕快下山去迎接吧！」於是眾僧一起下山去迎接雲門。

雲門來到寺裡，雪峰一見到他便說：「你為什麼來這裡？」雲門低頭不語，意思是別無所求。從那時起，二

人便禪心相合，默契無間。雲門與雪峰切磋禪道，交互講法，最終二人都在禪法上獲得了極大的提高。

❀∵道破禪機∵❀

熱愛自己的工作

雲門禪師的那句「可憐的老傢伙，你愛不愛佛法」點中了雪峰禪師的「要害」，一位得道高僧尚不曾思考過自己是否熱愛佛法，何況我們呢？

在這個以工作為導向的社會裡，產生了無數對工作狂熱的人，他們沒日沒夜地工作，整日把自己壓縮在高度緊張的工作中，很少有人反思過自己：「我熱愛這份工作嗎」，「這份工作適合我嗎」……

一個不熱愛自己工作的人，他的工作肯定是做不好。卡耐基說過：「除非喜愛自己所做的事，否則永遠也無法成功。」不論從事哪項工作，熱愛自己的工作，這是走向成功的第一步。

每一位員工都應該熱愛自己的工作，對工作充滿熱情，主動地去工作，創造性地去工作，而不是被動地應付工作。熱不熱愛自己的工作，所體現出來的精神面貌是完全不同的，所完成工作的品質和反映出的工作效率也是完全不同的。尤其是在工作碰到困難時，一個熱愛工作的員工就會極大地發揮個人的潛能，創造性地開展工作，克服困難；相反，不熱愛工作的員工在平時的工作中只能亦步亦趨地做事，一旦碰到困難，就會一籌莫展。

只有那些最熱愛自己工作的人，才能夠徹底掌握自

己的命運。我們發現那些有成就的人，幾乎都有一個共同的特徵：無論才智高低，也無論從事哪一種行業，他們必然喜愛自己所做的事，並能在自己最熱愛的事情上勤奮工作。

曾任北京外交學院副院長的任小萍女士，大學畢業那年被分到英國大使館做接線員。

做一個小小的接線員，在很多人覺得是很沒出息的工作，任小萍卻非常喜歡自己的這個工作，並在這個普通的工作崗位上做出了不平凡的業績。

她把使館所有人的名字、電話、工作範圍甚至連他們家屬的名字都背得滾瓜爛熟。有些電話進來，有時不知道該找誰，她就會多問，儘量幫他準確地找到人。

慢慢地，使館人員有事外出，並不告訴他們的翻譯，而是給她打電話，告訴她誰會來電話，請轉告什麼，有很多公事、私事也委託她通知，任小萍成了全面負責的留言點、大秘書。

有一天，大使竟然跑到電話間，笑眯眯地表揚她，這是破天荒的事。結果沒多久，她因工作出色而破格調去給英國某大報記者處做翻譯。

該報的首席記者是個名氣很大的老太太，得過戰地勳章，被授過勳爵，本事大，脾氣大，把前任翻譯給趕跑了，剛開始也不要任小萍，看不上她的資歷，後來才勉強同意一試。一年後，老太太經常對別人說：「我的翻譯員比你的好上十倍。」

不久，工作出色的任小萍就被破例調到美國駐華聯絡處，她幹得又同樣出色，獲外交部嘉獎……

影響你的現在和未來的重要因素之一是熱愛的力量。你只有全身心地投入你最熱愛的事情時，才能獲得真正的成功。如果你不熱愛你選擇的工作，那麼想要真正把它做好幾乎是不可能的。

··禪林清音··

佛陀從不勉強別人做不喜做的事情，他只告訴眾生何者善何者惡。生命還是要自己掌握。

29. 小的比老的更有用

有一天，一位信徒到寺院拜佛，拜完後便坐在客堂休息。他剛坐下來，就聽到旁邊一位年輕的侍者對年事已高的無德禪師喊道：「老師！有信徒來了，快上茶！」

過了一會兒，又聽到那位侍者喊道：「老師！佛桌上的香灰太多了，您把它擦一擦吧！」無德連忙答應著。

「還有門前的幾盆菊花，可別忘了澆水呀！」侍者又補充道。無德禪師又點頭答應著。

「中午別忘了留信徒用飯。」侍者又說。無德禪師都答應了。

年老的無德禪師在年輕侍者的指揮下東奔西跑，忙來忙去。信徒看在眼裡，有些於心不忍，於是便走上前去輕聲問無德禪師：「老禪師，這侍者和您是什麼關係？」

老禪師自豪地回答：「他是我的徒弟呀！」

信徒聽後更加大惑不解，又問道：「既然這位年輕的侍者是您的徒弟，那他為什麼對您如此無禮，一會兒叫您

做這，一會兒要您幹那？這哪像徒弟所為！」

老禪師卻非常高興地說道：「能有這樣的徒弟，是我修來的福氣。信徒來時，我只管倒茶，並不需要講話；平時佛前上香換水都是他做，我只是幫忙擦擦灰塵而已；他雖然說讓我留下信徒吃飯，但卻用不著我去燒茶煮飯。寺內上下一切事務他都安排得井井有條，這讓我輕鬆了許多，否則我就會更辛苦了！」

信徒聽後仍然有些不解，接著問道：「既然這樣，那你們是老的大還是小的大？」無德禪師道：「當然是老的大，但是小的卻比老的更有用呀！」

·∵·道破禪機·∵·

甘於「退居二線」

我們在工作中不免會遇到這樣的境況：本來在公司如魚得水，深得老闆器重，可是新進來的優秀人才把風頭搶了不少，有的項目甚至不得不「退居二線」，不少人因此垂頭喪氣，心存不甘。

其實，我們應該跟老和尚學學，一方面要明白自己在工作中不可或缺的地位——經驗之說絕不是無稽之談；另一方面要保持心態的從容淡定，總有人會比自己更有用，必要時被人「使喚一下」也是無妨的。

小劉進了廠子就拜老劉為師，勤勤懇懇工作，對老劉也是畢恭畢敬。一晃三年過去了，這天，廠裡下來了一批新機器，老劉作為廠裡的技術主任，檢驗了機器的性能，便通知廠裡機器合格可以付款。旁邊的徒弟小劉在老劉驗

收完後沒有走，蹲在機器旁抽起了煙，似乎在琢磨什麼。

老劉在辦公室尋不見小劉，便來到車間，看見小劉蹲在地上研究著什麼，他好奇地走到小劉身旁，問道：「你幹嘛呢？這機器不是早就驗完了嗎？」

小劉看見師父來了，立刻站起來，對師傅試探性地問：「師父，你有沒有發現這批機器有什麼問題？」

老劉眉頭一皺：「能有什麼問題？我都驗過了，你個毛頭小子懂什麼！」

小劉見師父語氣有些不對，便沒有再說什麼。

一個星期之後，廠長把老劉叫進了自己的辦公室，說：「老劉啊，你上個星期驗收的那批機器有些小問題，幸好發現得早，我們的款還沒有打過去，還來得及。」

老劉一下子就愣住了，問：「什麼問題？」

廠長遞給老劉一疊技術分析報告，說：「都在這上面寫著呢！」

老劉快速地瀏覽了一下報告，裡面的幾個細節讓老劉冒了一頭的虛汗，他說：「這些技術太新了，我可能研究得還不夠透徹，所以驗收的時候沒有看出來，對不起啊，廠長。」

廠長輕輕一笑，說：「你有個好徒弟啊，老劉！他怕拿出這份技術報告讓你難堪，還特地囑咐我不要訓斥你，畢竟問題發現得早，來得及補救。並且他對我說，發現這次的問題是他的僥倖，在經驗上還是你豐富，讓我對你不要有不好的印象。」

老劉尷尬地笑了笑，嘴上沒說什麼，可他的心裡卻翻江倒海。

　　廠長把該說的話說到了之後，揮揮手讓老劉出去。老劉來到自己的辦公室以後，思量了一陣子，把小劉叫進來，對小劉說：「小劉啊，你給廠長的報告，廠長已經給我看了。」話剛說個開頭，小劉的臉上就浮現出了不安的神色。「謝謝你幫助廠裡挽回了損失。」聽到這句話，小劉如釋重負舒了一口氣。

　　「小劉啊，你是年輕人，對新技術、新理念比我更新得快，以後對我的工作你要多指點啊！」

　　小劉連忙說道：「別，別，師父，你這不是羞愧我嘛！」

　　老劉語重心長地說：「我說的是真的，師父有經驗，但現在技術更新太快，難免跟不上，所以我們多合作，我也希望你有好的前途，那也是我的驕傲，我就等著幾年以後退居二線啦！哈哈……」

　　這天晚上，小劉和老劉一起去當年拜師的飯店喝了個痛快！

　　故事中的老劉心胸開闊，在工作中甘於退居二線，這一點是值得所有仗著自己有些工作經驗就耍大牌的人反思的。在工作中，總有人比你強，你的經驗也不是能保證你地位的王牌，除了要讓自己不斷進步以外，也要保持好的心態，在一些自己薄弱的方面要甘於退居二線，甘於「讓賢」。

‥‥禪林清音‥‥

　　知進退，知佛法，即得「開心果」。

30. 快樂的真諦

　　一天，悟德禪師正在院子裡鋤草，迎面走過來三位信徒，向他施禮，說道：「人們都說佛教能夠解除人生的痛苦，但我們信佛多年，卻並不覺得快樂，這是怎麼回事呢？」

　　悟德禪師放下鋤頭，安詳地看著他們說：「想快樂並不難，首先要弄明白為什麼活著。」

　　三位信徒你看看我，我看看你，都沒料到悟德禪師會向他們提出這個問題。

　　過了片刻，甲說：「我現在拼命地工作，就是為了老了之後能夠享受到糧食滿倉、子孫滿堂的生活。」

　　乙說：「我可沒你那麼高的奢望。我必須活著，否則一家老小靠誰養活呢？」

　　丙說：「人總不能死吧！死亡太可怕了，所以人要活著。」

　　悟德禪師笑著說：「怪不得你們得不到快樂，你們想到的只是被迫工作、年老和死亡，不是理想、信念和責任。沒有理想、信念和責任的生活當然是很疲勞、很累的了。」

　　信徒們不以為然地說：「理想、信念和責任，說說倒是很容易，但總不能當飯吃吧！」

　　悟德禪師說：「那你們說有了什麼才能快樂呢？」

　　甲說：「有了愛情，才有快樂。」

　　乙說：「有了金錢，就能快樂。」

丙說：「有了名譽，就有了一切，就能快樂。」

悟德禪師說「那我提個問題，為什麼有人有了愛情卻很痛苦，有人有了金錢卻很憂慮，有人有了名譽卻很煩惱呢？」信徒們無言以對。

悟德禪師說：「理想、信念和責任並不是空洞的，而是體現在人們每時每刻的生活中。必須改變生活的觀念、態度，生活本身才能有所變化。愛情要奉獻於他人，才有意義；金錢要佈施於窮人，才有價值；名譽要服務於大眾，才有快樂。」

·∴道破禪機∴·

生活一定要有意義

紅極一時的《士兵突擊》裡有句發人深省的話：「好好活就是做有意義的事，做有意義的事就是好好活。」這句話乍一聽似乎有邏輯問題，卻道出了一個真理——生活一定要有意義，否則愛情、名譽、金錢都不能帶給你快樂！

小陸和部門的骨幹小郭，正在爭奪部門副經理這個位子。

下週是總經理的五十歲的生日，部門經理提醒小陸，這是關鍵時刻，關係到他能否升任副總經理。小陸當然明白其中的重要性。

沒想到，這時小陸的老家來了電話，小陸大哥說：「下個禮拜是咱爹的七十大壽，你好些年都沒給爹拜過壽，他盼著你回來呢。」

　　小陸屈指一算，爹的生日和總經理正好是同一天，這可讓小陸有些為難。

　　妻子說：「自己的父親好說，就是不回去，老人家也會原諒的。可是，升遷的機會卻可遇不可求，是幾年努力的期待。」

　　小陸覺得這話有道理，就是爹知道了，也不會埋怨小陸的。小陸給大哥回了電話，讓他轉告爹娘，自己的工作太忙，回不去，下次一定給爹拜。

　　大哥在電話那頭沉默了一會兒，說：「好吧。」

　　大哥掛了電話之後，小陸的心情越來越沉重。經過兩天的心理爭扎，小陸不顧妻子的反對，毅然地向公司請假，登上回家的班機。

　　兩天後，小陸回到公司，聽說總經理的生日宴會非常熱鬧，員工們悉數到場，小陸的缺席自然分外扎眼，大家背地裡都說小陸傻。

　　但出乎意料的是，最後升任副經理的是小陸。

　　有一次，小陸和總經理一起外出，忍不住提出這個問題。

　　總經理大概是多喝了幾杯，紅著臉說：「年輕人，不簡單。現在，還有幾個人肯為親爹而得罪總經理呀！你是一個傻瓜，現在，這樣的傻瓜真是不多見了！」

　　那天，總經理哭了。十幾年前，他的母親臨終前想見他一面，可是因為忙於創業，他失去了最後的機會，這成了他一輩子的遺憾。

　　他說：「小時候家裡苦，我就發誓要賺大錢讓我媽媽過好日子，所以我豁出一切努力賺錢，可等我有能力的時

候，老人卻不在了，賺錢還有什麼意義！很多人覺得我現在事業有成，要錢有錢，要房有房，一定『樂逍遙』了，可是誰知道我心裡的苦！我現在最想的就是和我父母一起開開心心吃頓飯，可已經沒有機會了！」

升遷的機會很多，父母只有一個，他們不會一直等著你，明白這句話的人一定不少，可當選擇真切地擺在面前時，人們往往只會選擇前者而非後者。

孝敬的真正意義在於抽點時間多陪陪父母，不是花費所有時間去掙錢，等賺到錢父母卻已無福消受。在外人眼裡，有錢人可能很快樂，但他們內心是否快樂，相信只有他們自己知道。

╔═‥‧禪林清音‧‥═╗

人有兩個我：一個是別人心目中的我，一個是心靈中的我。在孤獨的時候，那個心靈中的我最易顯現出來，這也是最好的淨化自己的心的時候。

31. 開悟的「懶融」

唐朝貞觀時期，禪宗四祖道信禪師某天途經牛頭山，聽說有個叫法融的人在這裡修行，便入山一探究竟。法融一心修行，見人也不理不睬，人稱「懶融」。

尋訪半天，四祖終於找到了法融。法融只把四祖當做一般遊客，仍舊沉浸在自己的世界裡，並不理睬四祖。

四祖也不見怪，問道：「你在這裡幹什麼呢？」

法融回答：「觀心！」

四祖又問：「什麼人能觀心？所觀的心又是什麼東西？」

法融說不出個所以然來，好久無言以對。這時他才意識到面前的人不是一般的遊客，便誠心行禮，請四祖開示。四祖傳法完畢以後又叮囑法融：「要修成一顆銅牆鐵壁一般的佛心不用特意去觀它，也不要去壓抑它，只需隨心自在就好。」

法融就問：「師父不讓特意去觀心，如果內心起了情境，那該怎麼辦呢？」

四祖開示說：「這『境』沒有好與壞、美與醜的差別，如果硬要說什麼美醜、好壞，就是內心不淨。只靠天天打坐是成不了佛的。你若能面對不同情境而心無掛礙，根本不去管它，這時你便已修成晶瑩剔透的佛心，不會再有什麼變化了。」

·∴道破禪機∴·

一切隨心自在就好

「要修成一顆銅牆鐵壁一般的佛心不用特意去觀它，也不要去壓抑它，只需隨心自在就好。」修佛法如此，工作也是如此。隨心自在地工作可能被很多人認為是一個「夢」，有多少人能夠跟隨自己的心靈，去做自己想做的事情呢？

很多人為了保住自己的「飯碗」，放棄了自己隨心自在的夢想。其實，話說回來，如果你現在的工作讓你的心靈不自在、不隨心，你幹得好工作嗎？

曾經有個年輕的建築師一直苦於自己無法突破前輩們出色的建築設計，他只能跟在大師後面亦步亦趨，這使他感到十分沮喪。

於是，他暫時告別了自己熱愛的工作，帶上所有的積蓄準備遊覽全世界的著名建築。

當他跋山涉水走過了一個又一個城市，遊覽了一個又一個國家的雄偉建築，最後來到一個無與倫比的輝煌建築——泰姬陵面前時，他被這絕無僅有的建築迷住了。他的靈感頓時泉湧般傾瀉而出，之後他完成了一個又一個出色的建築設計，成了知名度頗高的建築設計師。

暫時地放棄自己的「飯碗」，隨心自在地旅遊，反倒成就了更輝煌的事業！好好審視一下自己現在的工作，判斷一下自己是否需要隨心自在地放鬆一下了。

美國一位年僅二十一歲的奧運會游泳冠軍薩・桑德斯，在一次游泳大獎賽的發獎儀式上正式宣佈退役。參加儀式的來賓無不感到驚訝：她還那麼年輕！

她不是因為超齡，不是因為受傷，不是因為要結婚，不是為了任何客觀原因，她對一家報紙的記者說：「我已經不再喜歡這項運動了。」

驚人的坦誠！驚人的隨性！

當這份工作不是你的夢想之後，你能像薩・桑德斯一樣自在灑脫地放棄嗎？

工作其實就是為了更好地生活，沒有必要給自己那麼大的壓力和束縛，要知道工作和隨心自在並不是矛盾衝突的。

:·禪林清音··:

　　學佛不是對死亡的一種寄託，而是當下就活得自在和超越。

32.　通往天堂的許可證

　　某天，有個年輕人哭泣不止地來到佛陀面前。佛陀問他：「年輕人，怎麼回事？」

　　他說：「我父親昨天去世了！」

　　佛陀說：「那能怎麼辦呢？如果他已經去世了，哭也不能使他起死回生。」

　　年輕人說：「是的，這我明白，哭並不能使我父親再活過來，但我想求您為我死去的父親做一件事。」

　　佛陀說：「哦？我能為你死去的父親做什麼呢？」

　　年輕人說：「請想想辦法吧！您這麼有能力，一定辦得到的！您看，那些資歷尚淺的巫師、術士都會為死者舉行某些儀式。只要在人間舉行某些儀式，通往天堂之門就會打開，死者便可以進入。佛陀啊！您這麼厲害，如果您為我死去的父親作法，他一定可以獲得通往天堂的許可證的！拜託您幫幫忙吧！」

　　這個可憐的傢伙傷心欲絕，聽不進合理的話。佛陀決定用其他方法讓他明白。

　　佛陀說：「好吧！你去市場買兩隻壺。」

　　年輕人很高興，心想佛陀答應替他父親舉行儀式了。他跑到市場買了兩隻壺回來。

佛陀說：「很好，把一隻壺裝滿奶油。」年輕人照做了。

「另一隻壺裝滿小石頭。」他也照做了。

「現在把壺口都封住。」他按要求封好了。

「現在把它們丟到池塘裡去。」年輕人也照做了，兩隻壺都沉到水底了。

佛陀又說：「現在去拿根大木棒來，敲破這兩隻壺。」年輕人很高興，心想佛陀正為他的父親舉行非常莊嚴的儀式。

依照古老的印度習俗，人死後，他的兒子就把屍體帶到火葬場，放在柴堆上點火燃燒。當屍體燒到一半時，兒子要拿一根大木棒敲破死者的頭顱。

根據古老的信仰，只要在人間敲開死者頭顱，通往天堂之門也就打開了。所以年輕人心想：「昨天父親已被燒成灰了，現在佛陀用敲破泥壺來作為象徵。」他很滿意這種儀式。

年輕人聽從佛陀的指示，拿木棒敲破了兩隻壺。其中一隻壺的奶油立刻浮上來，漂浮在水面上；另一隻壺的小石頭散了出來，沉在水底。

然後佛陀說：「好了，年輕人，我所能做的就是這樣了！現在你把那些巫師、術士通通請來唱頌祈禱：『哦！石頭浮上來，浮上來！哦！奶油沉下去，沉下去！』讓我看看會發生什麼事。」

「喔！您在開玩笑吧，這怎麼可能呢？石頭比水重，只會沉到水底，不會浮上來，這是自然的法則；而奶油比水輕，只會浮在水面上，不會沉下去，這也是自然法則

呀。」

　　佛陀說：「年輕人，你對自然的法則瞭解不少，但你尚未體驗這個自然法則。如果你父親一生的所作所為都像石頭一樣重，那他必定會往下沉(墮入惡道)，誰能讓他上升呢？如果他的所作所為都像奶油一樣輕，他必定會上升(進入善道)，誰能拉他下去呢？」

∴道破禪機∴

順 其 自 然

　　我們在工作中要懂得順其自然，你的工作表現夠突出，你自然會得到重用、升職加薪；你的工作表現如果像故事裡的「石頭」一樣，那你自然就會「下沉」。這是職場裡的一條大準則。

　　在一個河堤的樹叢裡，有三條毛毛蟲，它們是經過長途跋涉，才到達此地的。

　　現在它們準備過河，到一個開滿鮮花的地方去。

　　一個說：「我們必須找到橋，然後從橋上爬過去。」

　　一個說：「在這荒郊野外，哪裡有橋？我們還是各造一船，從水上漂過去。」

　　一個說：「我們走了那麼多的路，已經疲憊不堪了，現在應該靜下來休息兩天。」

　　另外兩個很詫異。他們不同意第三條毛毛蟲的做法。

　　於是，一個開始去爬樹，它準備折一片樹葉做船；

另一個爬上河堤的一條小路，它要去尋找一座可以過河的橋。

剩下的一個覺得累得再也無法堅持了，它爬上了最高的一棵樹，找了片葉子，舒舒服服地躺了下來。河裡的流水聲如同音樂一般美妙，樹葉在微微的風兒的吹拂下，像嬰兒的搖籃那樣適合做夢，它很快進入了夢境。

一覺醒來，它發現自己居然變成了一隻美麗的蝴蝶！它扇動著輕盈的翅膀，輕而易舉地就飛過了河。此時，那裡的花兒開得正豔麗，每個花苞都有最香甜的蜜。而它飛遍了所有的角落，也沒有找到它的兩個夥伴。原來它的一個夥伴累死在路上，另一個夥伴淹沒在河水中……

讀完故事，也許你會認為「懶惰」的第三條毛毛蟲是「瞎貓碰到了死耗子」。

其實，這樣的想法不完全正確，試想一下，如果第一、二條毛毛蟲知道了自然法則——毛毛蟲會變成蝴蝶，以逸待勞是否比累死、淹死更好呢？

我們在工作中勤奮努力、踏實上進是有必要的，但也不用機關算盡地渴盼升職加薪，因為如果你的工作表現、為人處事足夠好，從「毛毛蟲」蛻變成「蝴蝶」是自然而然的事情，我們只需要耐心地等待這個時刻的到來便已足夠。

·禪林清音·

稻穗成熟，頭自然低下。

33. 悠閒的心

小和尚和師父蹲在院子裡的大樹下餵鴿子。涼風從樹梢間穿入，樹影婆娑，雖然是夏日的午後，也感到十分涼爽。

小和尚對老和尚說：「如果我們能像樹那麼悠閒，整天讓涼風吹拂，也是很好的事呀！」

老和尚說：「徒兒，你錯了，樹其實是非常忙碌的。」

「怎麼說？」

老和尚說：「樹的根要深入地裡，吸收水分，樹的葉子要和陽光進行光合作用，整棵樹都要不斷地吸入二氧化碳，吐出氧分，樹是很忙的呀！」

停了一會兒，老和尚接著說：「你看，地上的鴿子悠閒地踱步，其實是在覓食，也是很忙的。當咱們把玉米撒在地上的時候，悠閒的鴿子就忙碌起來了。」

小和尚想了想，說：「師父，我明白啦！如果我們有悠閒的心，那麼，所有忙碌的事情都可以用悠閒的態度來完成。」老和尚微笑著點了點頭。

·道破禪機·

用悠閒的心看待工作

一輛公車在路上行駛，但到中途拋錨了，乘客們只好下來步行。他們怨聲載道，罵聲迭迭，唯有一位鶴髮童顏

的老人心平氣和，神態自若！別的乘客紛紛低著頭匆匆地趕往目的地，就是其中的青年人也毫無生氣和活力；而老人卻正相反，信步而行，意趣盎然，偶爾抬頭看看藍天白雲，竟有一番仙風道骨。

其實，步行的那條路，可以看做是我們的工作，讀完了書，不管你是男是女，都要邁開工作的步伐。在所有工作者中，很大一部分人整日匆匆忙忙，毫無生氣和活力，只有少數人擁有「仙風道骨」，在忙碌的工作中還能悠閒地看看藍天白雲。而這份悠閒並沒有耽誤他們的行程，他們與其他人一樣在不斷前行，只是多了一份悠閒的心境。

小黃和他的同事們與劉總約好了下午進行最後一場談判，這場談判意味著三個月的努力是否會付諸東流。為此，小黃的同事個個都多少顯得有些緊張不安，畢竟這個月的業績就看這場談判了。可是小黃在中午卻對大夥兒說：「誰中午和我一起吃法國大餐？我請客！」

大夥兒很疑惑：「什麼事情這麼高興，還請吃法國大餐！」

「沒什麼高興的事情啊，只是中午了，我每個星期總有一個星期要吃法國菜的，都是留學時落下的『病根兒』！」小黃樂呵呵地說。

「都什麼時候了，還吃大餐！下午就要談判了，快準備準備吧！」同事小虎提醒著小黃。

「該準備的平時我們都準備好了，不用這麼緊張！咱們的計畫在座的都盡了最大的努力，現在不必為了它連飯都吃不下去吧！」小黃依然嘻嘻哈哈地說。

「我們都吃不下。如果這次談判談不成，我們都要喝

西北風了！」小虎難過地說道。

「就是這麼緊張的時刻，我們才要放鬆一下自己，悠閒地好好吃一頓！我們的努力已經盡到了，就不要虐待自己的胃了！不管我們吃不吃，對結果都不會有什麼大的影響！」小黃開導眾人道。

大夥兒聽了面面相覷，想想也是這麼個理兒：不管現在是緊張還是悠閒，都對下午的談判沒有什麼影響，何不讓自己的心情放鬆一些，讓心態悠閒一些呢！

於是，大夥兒在小黃的「慫恿」下，高高興興地大吃了一頓！

我們的工作忙碌而緊張，但你也可以用悠閒的心去對待它們。大家不妨試試看，同樣是工作一天，你的狀態會有很大的不同的！

·· 禪林清音 ··

你不能糾正世界上每一個人使天下太平，正如你不能移去全世界的石頭和荊棘使所有的路逕平坦。要走得平坦，就得穿一雙鞋子；希望得到內心的和平，就要學習控制自己的感覺。

格　言

　　人家說最好的好人，都是犯過錯誤的過來人；一個人往往因為有一點小小的缺點，將來會變得更好。

　　名望一閃即逝，錢財振翅而飛，走紅是個意外，久長唯有品格。

第三篇　禪與生活

1. 侍者買紙

盤珪禪師是位著名的高僧。

某日，盤珪禪師吩咐一位侍者上京城買一批上等的紙材。這位侍者向來被稱許具有「子貢之資材」（子貢是孔子門下七十二賢人之一，不僅才智聰敏，而且長於辯才），聰慧且自傲。

侍者並沒有問師父對紙料的要求，心想憑自己的才智、理財之道，定會受到師父的誇讚。侍者千挑萬選之後把紙買了回來。

不過，禪師看了一眼後，就冷冷地說：「不行！」

侍者很是納悶，於是只好再次上京城去買。

侍者再次回來之後，心想這次應該沒問題了。誰知禪師又說：「這個也不行！」

於是他只好又一次上京城採購。當時交通不便，而且路途又遙遠，侍者心中開始抱怨，認為師父不通情理。

等他又一次返回的時候，禪師仍是說：「不行。」

於是侍者便問師父到底要什麼樣的紙，他準備再次上京城。

禪師說：「無論什麼樣的都是不行。」

侍者此刻頓悟，於是因先前的自傲向禪師道歉。禪師便說：「其實第一次買回來的紙就很好了。」

∴道破禪機∴

要自信但不要自傲

自信的人能傳遞給別人一種熱情、一種振奮、一種驕傲、一種力量，但自信過了頭，就會變成不受人歡迎的自傲。侍者就是一個自傲的人，他先前認為自己聰明過人，買紙這樣的小事，定會得到師傅的誇獎，無須多問。而盤珪禪師正是看出了侍者這樣的心思，所以故意板著臉說：「不行！」

其實對於開悟的禪師而言，是不會去分別紙的好壞。即使給他粗劣的草紙，他也不會介意，但對於侍者而言，只有真正能使他意識到自己問題的紙，才是合格的紙。

在一座寺廟裡，有一個小和尚非常聰明，他能把所有的經文背誦下來。其他的小和尚念經，而他每天坐在那裡背經，因此，他總是能在背經的時候看到其他和尚向他投來羨慕的目光。

慢慢的，小和尚開始驕傲起來。他走到大師兄的面前說道：「大師兄，你念經的時候為什麼把眼睛瞪得那麼大啊？這怎麼能集中注意力來體會經中的含義呢？你這個大師兄怎麼給師弟們做個好的帶頭作用啊！」

大師兄聽到他這樣說自己，心中很不高興，但也不去反駁他，轉過頭去繼續念他的經，沒有理他。

　　小和尚一看大師兄沒搭他的話，於是又走到二師兄近前說道：「二師兄，你怎麼也把眼睛瞪得那麼大？是不是經文太難懂你理解不了，腦子真是夠笨啊！」

　　二師兄同大師兄一樣，把頭轉了過去不看小和尚。

　　小和尚討了個沒趣後又來到三師兄面前說道：「其實經文沒有什麼難懂的，只是你不用心去記，說到底就是懶惰，你這麼懶，再做一百年和尚也成不了佛，我勸你還是改行吧。」

　　三師兄沒好氣地抬起頭來對小和尚說：「你多聰明啊！佛的位置就是給你留著的。」說完話也不去理小和尚。

　　小和尚又走到了四師兄那裡，結果四師兄一看到他走過來立刻把頭扭到另一邊。

　　小和尚又向五師兄那裡走去，結果他發現所有的師兄弟都把頭一扭，全都不用正眼看他。

　　一連幾天，沒有人和小和尚說話，小和尚感覺自己非常孤獨，所以他敲開了方丈的屋門，一進屋便哭了起來，把所有師兄弟都不理睬他的事情向方丈講了一遍。

　　老方丈聽完小和尚的話微笑著說道：「別的師兄弟都不理睬你，就在於你太自傲了。」

　　小和尚聽完方丈的話，慚愧地低下了頭。

　　自傲有很多的害處，它讓人變得盲目，變得無知，更能讓人變得孤獨。所以，無論什麼時候，永遠都確記不要自傲。

　　即使外界給你的評價很高，你也要對自己有一個清醒的認識，千萬不能讓自傲的情緒滋長，因為真正偉大的人

都是純樸而謙遜的。

驕傲來，羞恥也來。

2. 每次捎回一把野菊

甲和尚和乙和尚負責寺院的伙食，他們二人輪換著去不遠的山溪挑水。

山溪旁長滿了野菊。

秋天到了，野菊綻開了金黃的小花，清香四溢、沁人心脾。

有一天，甲和尚挑水回來對乙和尚說：「那些野菊花真美啊！」

「是的」，乙和尚說，「我每次去都捎回一小把，待晾乾了，裝個清心安神的菊花枕。」

甲和尚說：「挑水就夠累的了，再麻煩那些事幹啥，咱又不是沒枕頭。」

「反正不用專門捎，挑水回來的路上，順手捎幾朵就行了。」乙和尚笑著說。

轉眼秋天過去了，有一天晚上，甲和尚和乙和尚忙完一天的活計，雙雙回到他倆的臥房。二人剛上床休息，甲和尚就聞到一種淡淡的清香，問乙和尚是什麼氣味。乙和尚說，他的菊花枕裝好了，枕著挺愜意的。

甲和尚非常羨慕地說：「沒想到，你一小把一小把的還真捎成個大枕頭，明年我也得跟你學，每次捎回一把野

菊……」

·:道破禪機·:

不積跬步，無以至千里

乙和尚每天一把、一把地積累野菊花，終於有一天，做成了他的菊花枕，這正應了「不積跬步，無以至千里」的道理。千里之路，是靠一步一步地走出來的，沒有小步的積累，是不可能走完千里之途的。

大學剛畢業那會兒，黃然被分配到一個偏遠的林區小鎮當教師，薪資低得可憐。其實黃然有著不少優勢，教學基本功不錯，還擅長寫作。於是，黃然一邊抱怨命運不公，一邊羨慕那些擁有一份體面的工作、拿一份優厚的薪水的同窗。這樣一來，他不僅對工作沒了熱情，而且連寫作也沒興趣。

黃然整天琢磨著「跳槽」，幻想能有機會調換一個好的工作環境，也拿一份優厚的報酬。就這樣兩年時間匆匆過去了，黃然的本質工作幹得一塌糊塗，寫作上也沒有什麼收穫。

這期間，黃然試著聯繫了幾個自己喜歡的公司，但最終沒有一個接納他。然而，後來發生的一件微不足道的小事，改變了黃然一直想改變的命運。

那天學校開運動會，這在文化活動極其貧乏的小鎮無疑是件大事，因而前來觀看的人特別多。小小的操場四周很快圍出一道密不透風的環形人牆。

黃然來晚了，站在人牆後面，翹起腳也看不到裡面熱

鬧的情景。這時，身旁一個很矮的小男孩吸引了黃然的視線。只見他一趟趟地從不遠處搬來磚頭，在那厚厚的人牆後面，耐心地壘著一個檯子，一層又一層，足有半米高。黃然不知道他壘這個檯子花了多長時間，但他登上那個自己壘起的檯子時，衝黃然粲然一笑，那是成功的喜悅。

剎那間，黃然的心被震了一下——多麼簡單的事情啊：要想越過密密的人牆看到精彩的比賽，只要在腳下多墊些磚頭。

從此以後，黃然滿懷激情地投入到工作中去，踏踏實實，一步一個腳印。很快，黃然便成了遠近聞名的教學能手，編輯的各類教材接連出版，各種令人羨慕的榮譽紛紛落到黃然的頭上。

業餘時間，黃然不輟筆耕，各類文學作品頻繁地見諸報刊，成了多家報刊的特約撰稿人。如今，黃然已被調至自己頗喜歡的中專學校任職。

完成小事是成就大事的第一步，我們總有著各種各樣偉大的志向，卻忘了往自己的腳下「墊石頭」。只有不斷實現一個一個小目標、小理想，才能有所積累，有所沉澱，最終實現自己的大理想。

·‥禪林清音‥·

積思方能頓釋。

3. 靈佑踢瓶

司馬禪師想要選一個人到大溈山去當住持，他下令

敲鐘召集全寺僧人，然後宣佈說：「你們中間誰能夠當著大家的面出色地回答我一句話，我就讓他去大溈山當住持，這裡的每一個人都有機會，但是要看你們各位的本事了。」

司馬禪師拿起一個淨瓶，說道：「這個不是淨瓶，是什麼？有誰能夠回答？」

眾僧抓耳撓腮，面面相覷。禪師手裡拿的分明是淨瓶，卻不能稱作淨瓶，那稱作什麼呢？幾乎所有的和尚都在那裡不知所措。

這個時候來了一個蓬頭垢面的和尚，他說：「讓我來試試！」

眾人一看，原來是寺內專幹勞役的雜務僧，都哈哈大笑起來，說道：「燒火做飯的，居然也想試試！」

司馬禪師問道：「你叫什麼？」

和尚沉靜地回答：「靈佑。」

司馬禪師說：「好吧，每個人都有機會，你來試試。」

於是靈佑和尚就走上前去，從禪師手中接過淨瓶，放在地上，然後一腳把它踢出了院牆，轉身就退了回去。

司馬禪師驚喜地叫道：「這正是大溈山的住持啊！」

既然不是淨瓶，那就一腳踢倒好了，何必多說？眾僧目睹了靈佑深得禪機，個個口服心服。

後來，靈佑和尚便去大溈山當了住持，創立了中國禪宗五大宗派之一的溈仰宗。

⋯⋯道破禪機⋯⋯

踢走阻礙

　　生活中有太多的難題，往往是疑而不決，其實決定是很容易的事情：既然是阻礙自己的東西，那就一腳踢倒好了，何必猶豫？

　　美國戴爾公司總裁邁克爾‧戴爾在很小的時候，他的父母便寄厚望於他的身上，希望他將來能成為一個體面的醫生。可是戴爾讀書讀到高中時便被電腦迷住了，他整天鼓搗著一台已經十分破舊的蘋果機，把電腦的主機板一遍遍地拆下來又裝上。

　　戴爾的父母恨鐵不成鋼，經常勸誡他應該用功念書，否則根本無法出人頭地。可是，他卻不聽父母的勸告，還倔強地說：「我的夢想是有朝一日自己開一家電腦公司，我一定會讓這個夢想成為現實的。」

　　父母根本不相信他的話，還是千方百計按自己的意願培養他，希望他能成為一名醫生。

　　幾年後，戴爾終於按照父母的意願考入了一所大學的醫學專業，可是他還是只對電腦感興趣，並不專心於學業。在他的第一個大學宿舍裡，有一天，他的室友將他的所有電腦配件堆在門口，要求他搬出去；又有一天，父母突然造訪，忙亂中他把自己的電腦配件都藏在了浴缸裡。

　　他從零售商那裡買來降價處理的IBM個人電腦，在宿舍裡改裝升級後以低於市價15%的價格賣給同學。他組裝的電腦性能優良，而且價格便宜。不久，經他組裝升級的

電腦不但在學校裡走俏，而且連學校附近的辦公大樓裡面的一些公司也紛紛來向他購買。

戴爾發現在宿舍的樓頂有有線電視接收裝置，他就把線接下來，於是他所在樓層的同學都可以免費看電視。不久，他有了每月2萬美元的收入。雖然他鄭重地向父親保證要完成大學學業，但是，他的電腦生意連喘息的機會都沒有給他。

第一個學期快要結束的時候，戴爾告訴父母，他決定要退學。父母堅決不同意，在他的一再堅持下，父母只得勉強同意他利用假期推銷電腦，並且要他承諾，如果暑假中他的電腦銷售不好，那麼，他就必須放棄電腦和他成立電腦公司的「白日夢」。可是，戴爾的電腦生意就在這個暑假裡突飛猛進，僅僅一個月的時間，他就完成了18萬美元的銷售額。

戴爾的執著和取得的成績終於使父母轉變了態度，他們很惋惜地同意他退學。

「離開這裡標誌著我真正開始做生意。」戴爾滿足地看著宿舍四周說，「真正投身做電腦生意需要很大的決心。我自己得出個結論：只要想好了，就應該去做。我父母很久以後才能理解這一點。」

戴爾組建了自己的公司，打出了自己的品牌。在很短的時間內，他良好的業績引起投資家的關注。第二年，公司順利地發行了股票，他擁有了1800萬美元的資金，那一年他才23歲。

10年後，戴爾創下了類似於比爾·蓋茨般的神話，擁有資產達43億關元。

戴爾的故事告訴我們，只要想好了，就去做吧，踢走那些阻礙自己的東西，不要猶疑不決，那樣只會讓好機會白白流逝！

┌·· 禪林清音 ··┐

解脫其實很簡單。

4. 小沙彌問道

在禪宗裡也曾經有一則這樣的故事：

法師為弟子們講解經文時，有個小沙彌就是聽不明白，想不通，參不透。法師就告訴他要開動腦筋。小沙彌問法師：「怎麼開動腦筋呢？」

法師說：「多思考呀。」

小沙彌更加困惑地說：「怎麼思考呢？」

於是，法師就與小沙彌約好時間，單獨為他溝通，為他釋疑解惑。

法師首先遞給小沙彌兩個同樣大小的栗子，問他這兩個栗子有什麼區別。

小沙彌說：「一個是生的一個是熟的。」

法師說：「何以見得呢？」

小沙彌說：「涼的肯定是生的，熱的肯定是熟的。」

法師說：「那可不一定，涼的也許是熟的，煮熟以後又放涼了；而熱的可能是生的，只是在熱水裡稍微燙了燙。」

小沙彌又說：「兩個栗子一個是熱的，一個是涼

的。」

法師說：「這回說對了，但你怎麼知道的？」

小沙彌說：「可以感覺呀。」

法師就說：「你是怎麼感覺的？」

小沙彌說：「用手感的，用心覺的。」

法師說：「太籠統了，越聽越糊塗。」

小沙彌就說：「這有什麼糊塗的，就像你說的思考一樣，心覺就是思，手感就是考。」

他怕法師不明白，又解釋說：「思就是用心、動腦筋，考就是用手去觸摸或用眼去觀察、去考察。」

法師終於舒心地笑了，對小沙彌說：「多謝你的指教和點化！」

小沙彌也回過味來，驚喜地拍了拍自己的腦袋。

┌‥道破禪機‥┐

學會思考

做什麼事都要學會思考，會思考的人才能搶佔先機。思考對每個人來說都很重要，但許多人在庸常生活中、在不知不覺中，就忽略、忘記了，甚至是荒廢了思考，從而失去了很多成功的機會。

有這樣兩則故事：

一則講述的是在1924年，美國傢俱商尼科爾斯的家突然起火，大火將他準備出售的傢俱燒個精光，只留下一段殘存的焦松木。

看著這一片狼籍，尼科爾斯傷心不已。突然，這燒

焦松木獨特的形狀和漂亮的紋理把他的目光吸引住了，他看著紋理思考起來，一個小時過去了，兩個小時過去了，突然，他小心翼翼地用碎玻璃片削去塵灰，用砂紙打磨光滑，然後塗上清漆，居然產生了一種溫馨的光澤和紅松非常清晰的紋理！尼科爾斯驚喜地狂叫起來，馬上製作出仿木紋傢俱。

一場大火，給他帶來災難，但透過思考，尼科爾斯卻意外地創造了財富！現在尼科爾斯的第一套仿木紋傢俱收藏在紐約州美術館裡。

另外一則敘述的是一家時裝公司由於老闆的心血來潮，在新設計、生產的女式真絲半袖衫等著洗水的空隙，臨時決定先打上掛牌。

這一變動導致了柔軟的絲質料在水洗過程中打掛牌的膠線在每件衣服上都掛出一個均勻的小洞。對這個致命的錯誤，老闆和主管們都束手無策。而此時一位前來應聘的打工仔，卻在一邊靜靜思考著，在老闆即將決定接受損失，廉價處理這批襯衫的嘶吼，打工仔卻毛遂自薦地說：「我能解決這個問題！」

他找來與衣服同色的絲線，沿著豁口，一針一針，把破洞補出各種圖案，讓「傷口」開出了美麗的花。幾天後，新產品加價出售，備受顧客青睞，而打工仔也如願被這家公司聘用。

上面的兩則故事都是因為一些意想不到的因素引起的，倘若人們沒有利用思考的力量來解決問題，只是一味地接受損失的話，那麼，他們還可能創造出意外的財富，獲得巨大的成功嗎？

恐怕尼科爾斯只能無奈地接受傾家蕩產的結局，而時裝公司也要聲名掃地吧！

所以，我們在任何時候都要學會思考，讓智慧的力量為我們解決問題，贏得成功！

‥禪林清音‥

腳不能到達的地方，眼睛可以到達；眼睛不能到達的地方，思考可以到達。

5. 不識字的慧能

唐朝時，偏遠的廣東南海有個貧窮的年輕人，以砍柴為生。有一天當他去一個富人家賣柴的時候，聽到主人在誦讀《金剛經》：「應無所住而生其心……」一聽之下，這個年輕人似有所悟，就問主人從哪裡能得到進一步開示。

「在湖北黃梅，禪宗的第五代祖師弘忍正在講解佛法。他對《金剛經》的理解是最深刻的，你去他那裡學習吧！」這位富人資助了他一些銀兩，這位年輕人就上路了。

來到黃梅，弘忍問道：「你來做什麼？」

「我來求得到無上智能。」

「看你來自偏遠的不毛之地，又不識字，你能懂什麼叫智慧？」弘忍不客氣地拒絕了他。

但年輕人不為所動：「人有南北之分，但是人本有的智能難道也有南北之分嗎？」

弘忍意識到這是個不同尋常的年輕人，但他沒有表現出對他的偏愛：「哦，你就到後院去幹點雜活吧。」

年輕人在後院為寺廟勞作多年，一直沒有機會去前院聽老師講課，不過他對內心疑惑的參究卻片刻沒有停止。有一天他忽然有所領悟，於是請一位施主幫忙：「我有一個偈子，能不能麻煩您幫我寫一下？」

施主說：「別開玩笑了，你連字都不認識，還寫什麼偈頌呀？」

年輕人認真地說：「最高深的道理，是跟文字沒有關係的。」

施主一聽有道理，便答應了年輕人的請求，在牆壁上寫下他的四句偈子：「菩提本無樹，明鏡亦非台。本來無一物，何處惹塵埃。」

弘忍見到年輕人的偈頌，意識到這個來自偏遠山區的人就是自己最優秀的接班人，於是年輕人成為禪宗第六代祖師慧能。

∴道破禪機∴

學不在多，貴在力行

慧能不識字，更別提讀書萬卷了，可是他卻得了大智慧，可見，智慧在於心靈的透悟，它跟知識的多少沒有關係。有知識的人不一定是有智慧的人，有智慧的人也不一定每天都要捧著一卷書在讀。

古時候有一個名叫王壽的書生，在外地求學。他癖愛讀書，樂此不疲。那時的書，是抄寫在竹片上的，再用皮

革串起來。王壽為了抄書，在自家房前房後種滿了竹子。他每天的時間除了吃飯睡覺都用來借書、抄書、看書。

有一年，王壽的母親去世了，他要到東周奔喪。他隨身背了一些書，準備途中抽空看看。這些書重得很，結果只走了幾里地他就累得喘不過氣來。他只好坐在路口休息，並隨手抽出一冊書來讀。

這時有個叫徐馮的隱士從此路過，見他背這麼多書，就停下來跟他打招呼，並說：「你讀這麼多書，有什麼用？」

王壽是第一次聽見有人否定讀書，不禁愣住了。

徐馮笑笑說：「人是要做事情的。做事，要依據不同的時間、不同的環境而有所不同。比如少年時、歡愉時，可以狂放一些；老成時、主持禮儀時，就應持重一些；國家太平時可以出來治事；國家動盪時最好退而隱居。所以聰明的人做事情不是一成不變的。而書呢，它是記載言論和思想的，言論和思想又由於人的勤奮思考而產生，所以人的智慧並不是以藏書多少來衡量的。你是聰明人，為什麼不去勤於做事和勤於思考，卻要背著這累人的東西到處走呢？」

王壽聽了，如夢初醒，再三拜謝徐馮，還當場燒了自己所帶的書，手舞足蹈地輕身去了東周。

在很多人的觀念中，讀書的多少與智慧的多少是成正比的，其實不然，讀書多了，如果不勤於思考，身體力行，那麼最後只能成為一個「書呆子」；而不識一字，卻懂得如何透悟人生，最後一定能夠成為真正的智者。

人生的真理，只是藏在平淡無味的生活之中。

6. 石頭和美玉

小和尚跟老和尚外出化緣時，老和尚在路邊的泥土裡撿起一塊石頭，小和尚就說：「師父，為什麼要撿這個滿是泥土的普通的石塊呢？」

老和尚說：「這不是普通的石塊，它包含著美玉呢。」說著就領小和尚來到一條小河邊，用清水沖洗那個蒙著泥土的石塊。

石塊沖洗乾淨後，小和尚才發現石塊的斜面上隱約露出溫潤的白色。老和尚又領小和尚來到一家玉石店，花了兩個銅板，玉匠就把石塊中的美玉雕刻成一尊精美的玉佛。

小和尚就說：「師父真有慧眼，在洗淨之前，我怎麼就沒發現石塊上美玉的痕跡呢？」

老和尚說：「慧眼源自慧心，慧心源自學習和修煉。倘若不瞭解璞玉的知識，我也不會發現這塊美玉的。」

小和尚心領神會地笑了。

⌐∵·道破禪機·∵⌐

學習的價值

生命有限，而學海無涯。如果老和尚沒有學習過識

別美玉的知識，那麼他們將與美玉擦肩而過。知識的力量是無窮的，學習的價值是不可估量的。我們將成為怎樣的人，決定於我們所學到的東西。

一個日本工廠的印刷機壞了，廠裡的工人修了幾天也沒有找出眉目，不得不通知老闆，請別人來修理。

日本老闆於是請來了一位美國工程師協助處理。美國工程師在機器中間看了看，便拿粉筆在機器的外殼上劃了一條線，並對老闆說：「翻開外殼，在畫線的中央反省一下。」

工人按美國工程師的指點操縱，果真很快地發現了問題所在，並解決了問題。

日本老闆問美國工程師要多少報酬，工程師說要1萬美元。日本老闆不信服地問：「你只是在機器上畫了一條線，就值1萬美元？」

美國工程師答覆道：「我畫那條線只值1美元，但我曉得畫在哪裡值9999美元。」

日本老闆想了一想，覺得很有道理，於是悵然開出了支票，並約請這位工程師對廠裡的工人進行一次培訓，報酬是十萬美元。

這就是學習的價值！你想成為那個工人還是那個美國工程師？我們身處一個發展迅猛、新的知識和思想層出不窮的資訊時代，惟有終身學習，才能讓我們的事業之樹、人生之樹常盛常青。

所以，請不要忘記學習的力量，讓終身學習成為我們實現豐盛人生的基石，這樣，在遇到「美玉」的時候，你才不會擦肩而過！

慧眼源自慧心，慧心源自學習和修煉。

7. 圓真禪師和梨

圓真禪師是一個特別自律的人。有一天，他和幾位朋友冒著酷暑趕路。到了正午時分，他們又渴又餓又累。當時正是兵荒馬亂的年代，老百姓搬的搬，逃的逃，方圓百里之內，十室九空，想遇上一個活人也不容易，上哪兒去找吃找喝呢？

正走著，他們看見前面有一個小村莊。可是，找遍了所有人家，卻一個人也沒有。他們大失所望，只好垂頭喪氣地從村子裡走出去。

忽然，他們看見路邊有一棵梨樹，樹上果實累累，壓滿了枝頭。圓真禪師的朋友們大喜過望，爭先恐後地爬到梨樹上摘梨子吃。只有圓真禪師在樹下正襟危坐，對這些又解渴又充饑的梨子視若無睹。

朋友們詫異地問：「你等什麼呀？快上來吃梨子吧！」

圓真禪師淡淡地說：「不是自己的東西，不能隨便吃。」

朋友說：「別這麼死心眼了，亂世的梨子，早就沒有主人了。你是在吃老天爺的賞賜，還客氣什麼？」

圓真禪師正色道：「梨子沒有主人，難道我心裡也沒有主人嗎？」

最終，圓真禪師沒有吃這些梨子。

提高自己的自制力

圓真禪師的自制力非常強，到最後也沒有吃那些梨。但丁曾說：「測量一個人的力量大小，應看他的自制力如何。」歌德也說過：「誰不能克制自己，他就永遠是個奴隸。」

克制自己，才能駕馭自己，成就自己；放縱自己，就會被激情和欲望的魔力牽制，不得自由。所以，做一個擁有自製力的人吧，只有這樣，你才能夠真正成為自己的主人，獲得無悔的人生。

拿破崙‧希爾是美國傑出的成功學大師，他創造性地構建了全新的成功學的科學體系，他的著作被譯成26種文字印刷於世，他的讀者遍及世界五大洲的50多個國家，他的理論使無數人受益。

拿破崙‧希爾經過數十年的研究和探索，總結出了成功學的17條準則，這些準則被人們稱為「黃金定律」。其中被列為第五條的是「要有高度的自制力」。在這方面，拿破崙‧希爾有著深刻的切身體會。

創業初期，拿破崙‧希爾由一件小事發現自己缺乏自制力。這件事情雖然很小，卻給了他慘痛的教訓，使他認識到一個人要想取得成功必須先學會駕馭情緒這匹烈馬。他這樣描述自己經歷的事情：

有一次，我和辦公大樓的管理員發生了一場誤會，當

時我礙於面子沒有向他道歉。從那以後，我們兩個人之間彼此憎恨，甚至演變成激烈的敵對。後來，管理員知道有時整個辦公大樓裡只有我一個人在工作時，就把電閘拉下來，使辦公室裡面一片漆黑。這種事情一連發生了幾次，我很憤怒。

一天，我正在辦公室裡緊張地工作著，電燈又熄滅了。我立刻跳起來，奔向管理員辦公室。我到了那兒，管理員正在悠閒地吹著口哨。

我氣憤極了，覺得受不了了，就對著他破口大罵起來。我把能想出來的惡言惡語都用上了，那位管理員一點兒也沒有生氣的意思。後來，我實在想不起什麼罵人的話了，只好停住。這時，管理員轉過身，用柔和的語調對我說：「你今天是不是太激動了？」

他的話很柔軟，但我卻感到像一把利劍刺進了我的身體。我站在那兒，不知道說什麼好。

我是一個研究心理學的人，竟然對著一個沒有多少學歷的管理員大喊大叫，這實在是一件令人感到羞辱的事情。我飛快地逃回了辦公室。坐在辦公室，我什麼也幹不下去了，管理員的微笑老是纏繞著我。

我認識到了自己的錯誤。以前發生矛盾的時候，我因為沒有勇氣道歉而使矛盾越來越深，今天，本來是一個很好的道歉的機會，可是我卻失去了自制力，從而使自己陷入了尷尬的境地。

我決定向管理員道歉。管理員見我又去了，仍然用溫和的語調說：「這一次你又想幹什麼？」言語中充滿了挑戰的意味。我告訴他我是來道歉的。

他說：「你不用向我道歉。你今天所說的話，只有天知地知，你知我知，我不會把它說出去的，我知道你也不會把它說出去的，我們就這樣了結了吧！」我被管理員的話震住了。

他的高度的自制力使我再一次被打敗，我走上前去，緊緊地握住了他的手，真誠地向他表示歉意。

這件事使我認識到，一個人如果缺乏自制力，就有可能變得瘋狂。這樣，他不僅不能結交朋友，反而非常容易被打敗。

拿破崙‧希爾用自己的親身經歷，向人們講述了自制力對於一個人取得成功的重要性。一個人是否能夠有所成就，機會和能力是最主要的，但是，學會控制情緒也是不可缺少的重要條件，而要想控制好自己的情緒，高度的自製力是不可或缺的。

禪林清音

你希望掌握永恆，那你必須控制現在。

8. 禪師像什麼

仰山慧寂禪師九歲時就投師於和安寺，十四歲時，他的父母想讓他還俗娶妻，慧寂禪師不願意還俗，並自斷兩根手指，來表示他一心向佛的決心。

南塔光湧禪師第一次拜見仰山慧寂禪師時，仰山問他：「你來做什麼？」

光湧回答說：「來拜見禪師。」

仰山又問道：「見到禪師了嗎？」

光湧答道：「見到了！」

仰山再問道：「禪師的樣子像不像驢馬？」

光湧說：「我看禪師也不像佛！」

仰山不放鬆地再追問道：「既不像佛，那像什麼？」

光湧則不甘示弱地回答道：「若有所像，與驢馬有何分別？」

仰山大為驚歎，說道：「我用這句話來考驗人已經有二十年了，沒有一個人能夠大徹大悟的。而今天你的回答真是物我兩忘，二十年之中，沒有人比你更優秀。你要好好修行啊。」

道破禪機

不要以自我為中心

《金剛經》中寫道：「凡所有相，皆是虛妄。」仰山禪師和光湧禪師議論人不像驢馬，不像佛，意思在於告誡人們要有一種淡泊的心態，追求「物我兩忘」，不要太執著於「我」，不要以自我為中心，那才能見到無相的真諦。

一直以來，周圍的人都對小菲不滿，很多人都不喜歡小菲。她現在很少和朋友來往，朋友有事也不找小菲。小菲覺得很孤單，其實她內心是很想交朋友的。是什麼原因造成小菲形單影隻呢？

剛進公司沒多久的時候，有一次小菲去同事的宿舍玩，看到同事們忙忙碌碌的，就問他們幹什麼。

「我們正在佈置房間，晚上王芳過生日，你要不要一起參加？」

小菲就問要交多少錢。因為一般同事過生日都要一起湊錢的。同事說：「每人500元。」

小菲覺得自己沒有能力承擔500元，就沒有參加。後來再有人過生日時，同事們就不喊小菲了。

還有一次，一個不是很熟的同事找小菲幫忙，事情辦妥之後他主動請小菲吃飯，小菲推辭不掉就答應了。請客那天，小菲因為早上沒吃飯，臨近中午時特別餓，小菲就在同事請客的飯館點了一碗麵條，打算一邊吃一邊等他。

結果同事來了以後發現小菲在吃麵條非常生氣，說是小菲這樣做不給他面子，而且責問小菲，是不是認為他請不起客。其實小菲根本沒有那個意思，只是覺得餓了就吃一點，在她看來這非常正常。

對小菲不滿的還不止同事。去年春節期間，小菲的姑媽來小菲家做客，她為小菲燒了一個湯，端上桌子，她說：「這湯太燙了，大家小心點！」

小菲說：「燙沒關係，正好去毛。」

小菲是開玩笑，但姑媽立刻就不高興了，臉拉了下來，後來跟小菲也不再親近。其實小菲只是開玩笑而已，她不明白姑媽為什麼反應這麼大。

小菲的主要問題是，在人際交往中以自我為中心來思考和看待問題。在同事過生日的問題上，在同事請客問題上，在姑媽來訪問題上，其思考方向都是從自我角度思考自我行為的合理性，明顯地缺乏換位思考，即從別人的角度去思考，因而，小菲的人際關係越弄越糟糕。

無疑，自我中心意識過強是極為不利的，試想想，誰願意與這樣的人長期共事或終生為伴呢？所以，我們要學會多從他人的角度想問題，不要總以自我為中心，心目中充滿了自我，卻唯獨沒有他人，這樣到頭來會讓自己孤立於世，沒有朋友。

╔══ ·:·禪林清音·:· ══╗

凡所有相，皆是虛妄。

9. 裝鬼的年輕人

雲居禪師每天晚上都要去荒島上的洞穴坐禪。有幾個愛搗亂的年輕人便藏在他的必經之路上，等到禪師過來的時候，一個人從樹上把手垂下來，扣在禪師的頭上。年輕人原以為禪師必定嚇得魂飛魄散，哪知禪師任年輕人扣住自己的頭，靜靜地站立不動。

年輕人反而嚇了一跳，急忙將手縮回，此時，禪師又若無其事地離去了。

第二天，他們幾個一起到雲居禪師那兒去，他們向禪師問道：「大師，聽說附近經常鬧鬼，有這回事嗎？」

雲居禪師說：「沒有的事！」

「是嗎？我們聽說有人在晚上走路的時候被魔鬼按住了頭。」

「那不是什麼魔鬼，而是村裡的年輕人！」

「為什麼這樣說呢？」

禪師答道：「因為魔鬼沒有那麼寬厚暖和的手呀！」

這群年輕人個個驚訝得說不出話來。

在遭到嚇死人的突然襲擊時，雲居禪師竟然還能從一雙寬厚暖和的手來判斷出是村裡年輕人的惡作劇，這份定力該是多麼的值得自己崇拜呀！

·道破禪機·

抓住細節，小事不能小看

禪師因為「魔鬼沒有那麼寬厚暖和的手」這個細節，一下子就識破了年輕人的惡作劇。在我們的生活當中，做人做事也一定要注意細節，可能這一點一滴的小細節就決定了我們的人生。

鄭裕彤出身在一個農民家庭，自幼家境貧寒，15歲就中斷學業，到香港「周大福珠寶行」當學徒。臨行前，母親叮囑他：幹活勤快，遵守規矩，多動手，少動口。鄭裕彤牢記母親的教誨，忠誠敬業，做事勤快，主動負責。他處處留意細節，向老闆和同事學習做生意的經驗，還利用業餘時間去觀察別的商店如何做生意。

有一次，他去一家珠寶店觀察人家做生意的方法，不料回來時遇上堵車，遲到了。周老闆問他何故遲到，他便據實相告。

老闆不相信一個小學徒竟如此敬業，就問：「你說說，你看出了什麼名堂？」

鄭裕彤不慌不忙地說：「我看人家做生意，比我們要精明。客人只要一進店，夥計們總是笑臉相迎，有問必答。無論生意大小，一概客客氣氣；就是只看不買，也笑

迎笑送。我覺得，這種待客的禮貌週到是最值得我們學習的。還有，店鋪的門面也一定要裝飾得像模像樣，與貴重的珠寶相配。我看人家把鑽石放在紫色的絲絨布上，光亮動人，讓人看起來格外動心……」

鄭裕彤侃侃而談，周老闆暗暗動心。他預感此子必成大器，有意培養他。

鄭裕彤成年後，周老闆還將女兒嫁給他，後來乾脆將生意全交給他打理。鄭裕彤不是無義之人，他暗下決心，一定要把生意做好，報答岳父的知遇之恩。

在他的苦心經營下，「周大福珠寶行」發展成為香港最大的珠寶公司。在這種情況下，如果他把珠寶行改成自己的名字，完全有道理。他卻沿用岳父的名字，以表感恩之心。後來，鄭裕彤又投資房地產業，成為香港地產大亨之一。

鄭裕彤細緻入微的觀察使老闆對他刮目相看，對他開始重用，這對後來他的成功有著決定性意義。這是一個細節制勝的時代，細節是平凡的、具體的、零散的，如一句話、一個動作、一個會面……細節很小，容易被人們所忽視，但它的作用是不可估量。

有些細節會深深地印在我們的腦海中，留下終生難忘的印象；有些細節會改變事物的發展方向，使人們的命運發生轉變！智者善於以小見大，從平淡無奇的瑣事中參悟深邃的哲理，名人之所以成為名人，其實沒有什麼特別的原因，僅僅是比普通人多注重一些細節問題而已。

小事不能小看，細微之處見精神，所以，留意身邊的細節，從一些看似為「小事」的事情做起吧，說不定有一

天你會收穫大成功！

修行是點滴的功夫。

10. 兩個挑水的和尚

　　從前，在相鄰的兩座山上的廟裡分別住著一個和尚。兩山之間有一條溪，兩個和尚每天都會在同一時間下山去溪邊挑水。久而久之，他們便成為好朋友了。

　　時間飛逝，不知不覺，五年過去了。

　　有一天，左邊這座山的和尚沒有下山挑水，右邊那座山的和尚心想：「他大概睡過頭了。」便不以為意。哪知第二天，左邊這座山的和尚，還是沒有下山挑水，第三天也一樣，過了一個星期，還是一樣。直到過了一個月，右邊那座山的和尚終於按捺不住了，他心想：「我的朋友可能生病了，我要過去探望他，看看能幫上什麼忙。」於是他便爬上了左邊這座山去探望他的老朋友。

　　當他到達左邊這座山的廟看到他的老友時，卻大吃一驚。因為他的老友正在廟前打太極拳，一點也不像一個月沒喝水的人。

　　他好奇地問：「你已經一個月沒有下山挑水了，難道你可以不用喝水嗎？」

　　左邊這座山的和尚說：「來來來，我帶你去看看。」於是，他帶著右邊那座山的和尚走到廟的後院，指著一口井說，「這五年來，我每天做完功課後，都會抽空挖這口

井。雖然我們現在年輕力壯，尚能自己挑水喝，倘若有一天我們都年邁走不動時，我們還能指望別人給我們挑水喝嗎？所以，即使我有時很忙，但也沒有間斷過我的挖井計畫，能挖多少算多少。如今，終於讓我挖好，我就不必再下山挑水，我可以有更多的時間練習我喜歡的太極拳了。」

‧‧道破禪機‧‧

放眼長遠，防患未然

居住在左邊山上的和尚是個有長遠眼光的人，在年輕的時候就想到了年老時沒水喝的情況，於是開始為自己的將來打井。那麼，你為自己的將來做好了長遠的打算了嗎？開始為自己「打井」了嗎？

張萌今年36歲了，是某知名IT公司的程式師。公司的工作時間長、任務重，許多都是剛剛畢業的20幾歲的年輕大學生，隨著年齡的增長，張萌深深感到了力不從心壓力。他覺得自己這樣下去不行，現在還算有精力，可以撐一撐，那麼40歲以後呢？

所以，張萌開始進修人力資源的課程，為自己尋求轉型，進入管理層。39歲的時候，張萌進入了公司的管理層，離開了每天加班的技術中心。

雜誌社編輯小梅是一個有長遠規劃的人，她現在做的是美編工作，利用工作之便，她認識了許多人，並在工作之餘，積極與這些人聯絡感情。

每當朋友看著工作、生活忙個不停的小梅，問她為什

麼這麼拼命時，小梅說：「現在的工作儘管得心應手，但我不知道自己還能對它保持多久的激情，等我將來想轉型從事別的職業的時候，我現在積累起來的人脈資源將是一筆很大的財富。」

　　張萌和小梅都是未雨綢繆的人，他們都懂得放眼長遠、防患未然的重要性。現在的社會是一個需要做長期規劃的社會，不僅僅是工作，你的家庭、健康、財富等等都需要做出一個長遠計畫，只有這樣，你才能沉著應對各種情況，永遠立於不敗之地。

‥禪林清音‥

　　一念愚即般若絕，一念智即般若生。

11. 化緣太多

　　佛光禪師為了推動佛教的發展，開創了許多佛教的事業，弟子們為了達成禪師的理想，努力地向信徒勸募，鼓勵信徒佈施做功德。

　　有一次佛光禪師出外弘法回來，弟子們競相來向禪師報告個人勸募功德的成績，弟子普道很得意地說：「師父！今天有一位大施主，佈施了一百兩銀子，他說，作為我們興建大雄寶殿的基金。」

　　弟子普德聽了，也報告說道：「師父！城內的陳居士來拜望您，我帶他巡禮各處的殿堂，他奉獻給我們全年的道糧！」

　　寺中的香燈師、知客師等都向佛光禪師說明信徒的喜

捨發心，只見佛光禪師皺起眉頭，制止大家發言，並開示弟子們說道：「你們大家都辛苦了，可惜化緣太多，沒有功德！」

大家不解，問道：「為什麼化緣多反而不好呢？」

佛光禪師道：「把錢財儲存於信徒，讓信徒富有起來，佛教才能富有！不可經常要信徒捐獻這個功德，贊助那項佛事，殺雞取卵，何其愚癡！等到有一天信徒們不勝負擔，佛教還有什麼護法長城呢？」

‥道破禪機‥

度適中，事則順

佛光禪師這一番語重心長的言語，實在值得大家玩味與深思！「佈施有度，細水長流」，人生如果能夠把握「度」的關節，自然萬事順暢，心態祥和。

生活中，凡事都要把握好「度」，「度適中，事則順」。過度饑餓會使身體消瘦導致營養不良；過度貪吃會使身體肥胖；適度飲酒會有益健康，而過度飲會傷胃、傷肝；缺乏鍛鍊會使體質下降，而超負荷鍛鍊則會疲勞過度……然而，不是所有人都能明白「度適中，事則順」的道理，生活、做事總是沒有限度！

法國大作家巴爾扎克是個奇才，又是個工作狂，像《高老頭》這樣的世界名著，他一氣呵成只用了三天三夜便寫出來，真是個奇蹟。

巴爾扎克擬定了一個龐大的寫作計畫，準備撰寫143部作品。由於常年的勞累，疾病纏身，他只活了51歲，這

一宏偉計畫只完成了91部。他寫作起來廢寢忘食，不分晝夜，每天工作十七八個小時，通宵達旦。為了使大腦一直處於興奮狀態，他每天靠喝濃咖啡提神。與其說他是拿健康作賭注，不如說他在肆意的透支生命。空有奇志而不能實現，徒有理想而不可達。

孔明他不僅才智過人，而且有高尚的品德，敬業精神極強。他對蜀漢的事業，可謂是「鞠躬盡瘁，死而後已」，令人感動。

他的早逝是因為操勞過度，積勞成疾而致。而過度操勞又因為他「事必躬親」、「親理細事，汗流終日」的包辦做法，大事小事全操心。孔明六出祈山時，曾施激將法派人送信給司馬懿，激司馬懿出戰。老奸巨猾的司馬懿不受激，卻派人向蜀國來使打聽「孔明寢食及事之煩簡」，來使答曰：「丞相夙興夜寐，罰二十以上皆親覽。所之食，日不過數升。」司馬懿聽後對諸將說：「孔明食少事煩，其能久乎？」你激我出兵，我偏不出兵，反正你孔明活不了多久了。果然，孔明不久就星隕五丈原，從此註定了西蜀敗亡的趨勢。

太平天國自起義後，發展極其迅猛，橫掃清軍如捲席，很快佔據了半壁江山，與清廷南北相持。這麼大的勢力，說垮一下子就垮下來了。

太平天國失敗的原因很多，其中很重要的一條是洪秀全封王過度。他在南京建立政權後，濫封王位，今天給張三封王，明天給李四晉爵，直至天京失陷前，封王竟達2700餘人。

「多王」並立，出現了各自擁兵自重的渙散狀況，嚴

重削弱了太平軍的戰鬥力。有2700多位王，就得建2700多座王府，每個王府都得配備許多人員。冗員眾多，全靠老百姓養著，實在是勞民傷財。

「度」是個大學問，恰到好處是我們做人做事的一個很重要的方略，也是維繫我們一生能否幸福、快樂的法寶。如何守「度」不是人生小技巧，而是人生的大本事。人生就像江河中航行的船舶，在未到達目的地前，掌舵的人一定是躲風避浪、調整方向，無論怎樣左偏右靠，最終還是要走中間這條航線，因為度適中，事則順。

⌐⸬禪林清音⸬⌐

佈施有度，細水長流。

12. 超度亡狗

曾有兩個和尚一起學禪，甲和尚撿回了條奄奄一息的狗，並對乙和尚說：「我去討點兒牛奶來給它喝。」

才走一會兒，乙和尚就發現狗已死了，於是就對狗念起了經文。

討了牛奶回來的甲和尚看見了，就說：「這麼深奧的經文它怎麼聽得懂，我來吧。」

於是他把牛奶端到狗的面前，說：「你這輩子過得太辛苦了，喝了這杯牛奶吧，希望你下輩子天天有奶喝。超度完畢。」

旁邊的乙和尚頓時醒悟：「原來禪就這麼自然簡單啊！」

不要把簡單的問題複雜化

禪很多時候沒有人們想像得那麼複雜，它其實很簡單、隨性。世上的事情也如此，遇事多作考慮，想得周全點是必要的，但是有些問題沒有我們想像得那麼複雜。有一個廣告說得好：簡單問題複雜化，太累；複雜問題簡單化，貢獻。

把複雜問題簡單化是一種貢獻，比如機械的發明代替人工、電腦代替手寫和計算、電風扇代替了扇子、空調代替了冰塊，都是簡單的過程和結果；而現實中，許多人卻把簡單問題複雜化了，最終結果變成「吃力不討好」的尷尬局面。

國內最大日化公司引進了一條國外肥皂生產線。這條生產線能將肥皂從原材料的加入直到包裝裝箱自動完成。

但是，意外發生了。銷售部門反映有的肥皂盒是空的。於是，這家公司立刻停止了生產線，並與生產線製造商取得聯繫，得知這種情況在設計上是無法避免的。

經理要求工程師們解決這個問題，於是成立一個以幾名博士為核心、十幾名研究生為骨幹的團隊，知識類型涉及光學、圖像識別、自動化控制、機械設計等等門類。

在耗費數十萬後，工程師們在生產線上做了一套X光機和高解析度監視器，當機器對X光圖像進行識別後，一條機械臂會自動將空盒從生產線上拿走。

另外一家私人企業司也遇到了同樣的情況，老闆對

管理生產線的小工說：你一定要解決這個問題，否則就滾蛋。於是這個小工找來一台電風扇，擺在生產線旁，另一端放上一個籮筐。

裝肥皂的盒子逐一在風扇前通過，只要有空盒子便會被吹離生產線，掉在籮筐裡。問題解決之。

其實，很多時候人們總是不自覺的將一些簡單問題複雜化了。人們之所以不願意或做不到複雜問題簡單化或簡單問題都做了複雜化，根本的原因在於不能做到直面事情的本質而被表像所迷惑，所以不能打破常規，變得複雜了。因此，我們一定要記住這句話——天下大事必作於細，天下難事必作於易。

‧‧禪林清音‧‧

禪修心自我，福慧他人，簡單隨意，隨情任性。

13. 佛陀的加持物

有一位老母親是很虔誠的佛教徒，她有個兒子常常去佛陀出生的聖地做生意。老母親想，那裡一定有佛陀的加持物，如果帶點回家讓她供奉，那該多好啊！於是她跟兒子說：「你去做生意時幫我帶一點佛陀的加持物回來。」兒子去做生意的時候，由於太忙，把這事給忘了。

第二次，老母親又囑咐了同樣的事，不料兒子還是忘了。第三次去時，老媽媽就跟兒子說：「你太不孝了，如果這一次你再不帶點加持物回來，說明你真是一個不顧母親死活的不孝之子啊！那麼，我一定當著你的面自殺死掉

算了。」

兒子的生意又是忙得不可開交，最後，他再次忘了母親的叮囑，就回家了。

走到家門口的時候，他猛然想起母親的交代，糟了，怎麼辦？這樣空著手回家，媽媽肯定會自殺的啊。他想著想著很是著急，左看右看徘徊在家門外面，急得像熱鍋上的螞蟻。

突然他發現地上有一塊漂亮的石頭，他急中生智，撿起石頭，接著找來幾塊精美的綢緞將它層層包裹好，然後走進家裡。

老媽媽急切地問：「有沒有帶佛陀的加持物？」

兒子一臉虔誠，鄭重地從懷裡捧出石頭給媽媽，說：「這是釋迦牟尼佛的舍利，得到它就好比佛陀親自到來一樣難得。」

老媽媽欣喜若狂，信以為真，趕緊將石頭放到佛台中間供奉，一直虔誠地頂禮膜拜。由此，她得到了一直追尋的安詳與寧靜，臉上天天都有了輕鬆、快樂的笑容。

∴道破禪機∴

堅定的信念不可戰勝

本來只是一塊平凡無奇的石頭，在老媽媽那裡卻把它當成了佛祖的舍利，日夜供奉之後，居然同真的舍利作用一樣，讓老媽媽獲得了安詳與寧靜。其實，世界上許多的人和物皆如上面故事中老媽媽的「佛陀的加持物」，如果你相信它是真的，那麼它就是真的。信念是一股極其強大

的力量，可以產生神奇的效果。

有一年，一支英國探險隊進入撒哈拉沙漠的某個地區，在茫茫的沙海裡長途跋涉。陽光下，漫天飛舞的風沙像炒紅的鐵砂一般，撲打著探險隊員的面孔。探險隊員們口渴似炙，心急如焚——大家的水都沒了。

這時，探險隊長拿出一個水壺，對大家說：「這裡還有一壺水，但穿越沙漠前，誰也不能喝。

一壺水，成了探險隊員們穿越沙漠的信念之源，成了他們求生的寄託目標。

水壺在隊員手中傳遞，那沉甸甸的感覺使隊員們瀕臨絕望的臉上，又露出堅定神色。終於，探險隊堅強地走出了沙漠，掙脫了死神之手。

大家喜極而泣，用顫抖的手擰開那壺支撐他們的精神之水——然而，緩緩流出來的，卻是滿滿的一壺沙子！

炎炎烈日下，茫茫沙漠裡，真正救了他們的，又哪裡是那一壺沙子呢？救他們的是他們堅定的信念！這種信念如同一粒粒種子，在他們心底生根發芽，最終領著他們走出了「絕境」。

人生就是這樣，只要信念在，希望就在，而一旦信念消失，那麼人就有可能被自己的「心魔」逼死。

《苦兒流浪記》有一段情節：主人公與幾名礦工在井下工作時遇到了塌方，大家被困在一個狹小的空間裡，腳下是無盡的水流，他們所有的，不過就是幾盞燈。在這極度惡劣的情況下，他們不是被淹死，就是被餓死或窒息而死，總而言之似乎是必死無疑。

營救雖然在努力進行著，但是人們都沒有多大把握成

功。而礦井下的情況確實不容樂觀，因為好些人都抱著必死的心。他們中有一個人帶了表，最後有人提議熄了燈，每隔一段時間讓那名礦工報一次時間，大家都休息，節省體力。時間在一分一秒地過去，人們的心也慢慢地揪緊，但等到營救隊到達時，他們竟然奇蹟般地存活下來，只有一個人死了，就是那個報時間的礦工。

原來，開始他的確是準時報時間的，但是，當他發現了同伴們的異常後，他便開始了「虛報」，半小時他說十五分鐘，一小時他說半小時，兩個小時他說一個小時……結果其他人都在信念的支撐下活了下來，而那個報時間的礦工卻被自己的心魔給逼死了。

由此可見，信念的力量是多麼的偉大啊！它是意志行為的基礎，沒有信念，人們就不會有意志，更不會有積極主動的行為。它支持著人們生活，催促著人們奮鬥，推動著人們進步，正是它，創造了世界上一個又一個奇蹟。在它的幫助下，人生路上，又有什麼困難可以使人畏懼呢？

·禪林清音·

信念人人可以支取，且取之不盡。

14. 不懂裝懂的遊方僧

蓮池大師正在寫《十善行》，一個自以為是的遊方僧來到寺裡，對蓮池大師說道：「據說禪是無一事可褒，無一物可貶，你寫這種書有什麼用呢？」

蓮池大師答道：「五蘊纏繞無止境，四大奔放無比

擬，怎麼能說沒有善惡呢？」

遊方僧很不服氣地反駁道：「四大皆空，五蘊非有，善惡諸法，畢竟都不是禪。」

蓮池大師說：「現在不懂裝懂的人太多了，你也是這類人，還是說點別的吧！如何？」

遊方僧氣得臉色鐵青。

∴道破禪機∴

別不懂裝懂

不懂裝懂的遊方僧被蓮池大師毫不留情地撕開了假面具，其實，不明白、不懂並不是什麼丟人的事情，然而明明不懂卻硬要裝懂，一旦別人揭穿，才是真正丟人的事情。

有個北方人，到南方去做官，剛到南方，肯定有許多事情弄不明白，如果虛心請教別人，也許並不難懂。可是這位先生不想去問別人，那樣顯得自己太無知，豈不是太沒面子了。他寧肯不懂裝懂，結果惹出許多笑話來。

有一次，地方上一個鄉紳請他去做客，大家聊得很開心，這時，僕人送上一盤菱角。這位沒吃過菱角，又不好意思問，主人家又一再請他先嘗，無奈，他只好拿起一個菱角，放到嘴裡去嚼。

主人看他連殼也沒有剝就吃了，心裡很詫異，問他：「這菱角是要剝了皮才好吃的，你怎麼整個丟到嘴裡去嚼呢？」

他明知自己弄錯了，卻一本正經地說：「剛剛到南

方來，有些水土不服，連殼都吃掉了，為的就是清熱解火。」

　　主人搖搖頭，說：「我們怎麼沒聽說過呢？你們那兒這東西很多嗎？」

　　那人答道：「多得很吶！山前山後到處都有的長呢。」

　　主人不禁啞然失笑。

　　還有一次，他和一位朋友逛街，在菜市場上，他們看到一個人在賣薑。

　　這人沒見過薑是怎麼生長的，就問道：「一棵樹上一年能結多少薑？」

　　賣薑的人和周圍的人都笑了，他們說：「薑是地裡長的，怎麼能是樹上結的呢？」

　　他卻硬是和別人爭辯個沒完：「你們真是笨呀，薑是樹上結的，我會不知道？我們鄰居家就有一棵薑樹，不信，我們問問去？」

　　他雖然這樣說，但心裡也發虛，因為他知道他的鄰居家根本沒有薑樹，他不過是為自己解圍罷了。

　　他的朋友心裡明白他是不懂硬要裝懂，於是，便故意對大家說：「他這麼有學問的人會不知道薑是地裡長的嗎？他不過是考考你們，看你們能不能敢於堅持自己的見解。對的，就要敢於堅持，錯的，也要敢於改正，這樣才能進步啊！」

　　那人聽了朋友的話，臉紅了。

　　有句話叫「不恥下問」，意思是說不懂就要問，不以向不如自己的人問問題為恥。學問是永遠求不完的，世界

上我們不知道、不明白的知識很多，不懂就是不懂，大膽說出來，這沒有關係，反而不懂裝懂更容易遭人恥笑，被人看輕。

有無之間，真是藏著不少玄機。

15. 蓬勃生長的榆樹

寺院裡剛剃度不久的一個小沙彌，跟著法師每天坐禪念經，過了半年之後，他感到自己無所長進，更沒開悟，就怯生生地問法師：

「師父，我們天天坐禪，每日誦經，過了大半年了，我怎麼沒感到自己有什麼變化呢？這樣下去，我何時才能悟得真經、修得佛性呢？」

法師就說：「個人的成長和變化，自己往往是看不到、感覺不到的。你只要全身心地投入了，肯定會有成長和變化的。」

小沙彌就說：「我天天坐著，就反反覆覆念那幾段經文，我就擔心不會有太大的長進。」

法師指了指門外的一棵大榆樹，微笑著對小沙彌說：「你看到那棵擎天立地的大榆樹了嗎？那是我在二十年前埋在土裡的一片榆錢，後來它就生根發芽，在原地動也沒動地就長成參天大樹了。有些事情是不需要運動的，更用不著轟轟烈烈、如火如荼，就像那棵靜然蓬勃的樹。」

凡事不要急於求成

大自然中，許多生命的成長都是無聲無息的。禾苗在默默成長，花草在默默成長，樹木在默默成長，包括我們自己也是在默默成長！我們不曾發現個子何時長高，頭髮何時長長，皺紋何時增多，但一切都在默默地進行中，自有它的節奏。遵循萬事萬物的規律吧，一步一個腳印地行走於自己的人生之路，不要急於求成，不要揠苗助長，順其自然便是最好。

農夫在地裡種下了兩粒種子，很快它們變成了兩棵同樣大小的樹苗。

第一棵樹開始就決心長成一棵參天大樹，所以它拼命地從地下吸收養料，儲備起來，用以滋潤每一個細胞，盤算著怎樣向上生長，完善自身。由於這個原因，在最初的幾年，它並沒有結果實，這讓農夫很惱火。

而另一棵樹同樣也拼命地從地下吸取養料，打算早點開花結果，它做到了這一點。這使農夫很欣賞它，並經常澆灌它。

時光飛轉，那棵久不開花的大樹由於身強體壯，養分充足，終於結出了又大又甜的果實。而那棵過早開花的樹，卻由於還未成熟，便承擔起了開花結果的任務，所以結出的果實苦澀難吃，並不討人喜歡，而且自己也因此而累彎了腰。

農夫詫異地歎了口氣，終於用斧頭將第二棵砍倒，當

柴燒了。

　　事物是有它自身的發展規律的，如果不遵循規律，破壞規律，急於求成，反而會把事情弄糟。我們要清醒地認識到，成功是沒有捷徑的，必須依靠我們自己一點一滴地積累，也許一天兩天，我們看不到自己的變化，但是隨著時間的推移，我們就能厚積薄發，走向成功。

‥禪林清音‥

　　學佛，不要輕易錯過因緣，但也不要急速求成。

16. 「漁王」的兒子

　　有個漁人擁有一流的捕魚技術，被人們尊稱為「漁王」。然而「漁王」年老的時候非常苦惱，因為他的三個兒子的漁技都很平庸。

　　「漁王」經常向人訴說心中的苦惱：

　　「我真不明白，我捕魚的技術這麼好，我的兒子們為什麼這麼差？我從他們懂事起，就開始傳授捕魚技術給他們，從最基本的東西教起，告訴他們怎樣織網最容易捕捉到魚，怎樣划船最不會驚動魚，怎樣下網最容易請魚入網。他們長大了，我又教他們怎樣識潮汐，辨魚汛……所有我一生辛辛苦苦總結出來的經驗，我都毫無保留地傳授給了他們，可是他們的捕魚技術竟然趕不上技術比我差的漁民的兒子！」

　　一位行僧聽了他的訴說後，問：「你一直手把手地教他們嗎？」

「是的，為了讓他們得到一流的捕魚技術，我教得很仔細、很耐心。」

「他們一直跟隨著你嗎？」

「是的，為了讓他們少走彎路，我一直讓他們跟著我學。」

行僧說：「這樣說來，他們只得到了教條般的經驗，卻沒有捕魚的教訓。要知道，沒有教訓和沒有經驗一樣，都成不了『漁王』啊！」

·道破禪機·

教訓是成長的階梯

提及教訓二字，許多人會很自然地聯想起自己曾經跌倒的痛苦經歷，也許你不喜歡想起它，但你的人生絕不能沒有它。痛苦的經歷總是最有力的教訓，任何教訓都是財富，是成長的階梯，是一盞心坎上永不熄滅的路燈。有了它，我們才能在黑暗的人生旅途上大踏步前行！漁王的兒子沒有得到教訓所以成不了漁王，職場上的我們，如果沒有教訓就不會有真正的成長。

有一對兄弟，生活在鄉下，他們都很勤勞，以種植番茄為生。

有一天，老大從城裡回來對老二說：「城裡人很喜歡吃番茄，我們拉到城裡去賣吧！」

老二一聽，十分贊同。

兩個人將地裡的番茄摘下來，挑出長得較好的，整整裝了一大馬車。在去往城裡的路上，這對兄弟非常開心，

他們彷彿已經看到一群城裡人圍著自己的馬車，爭相購買番茄。

誰料快到城裡時，突降大雨，山路本來就很難行，變得更加泥濘了。一個驚雷響起，馬被嚇得一驚，把馬車掀翻在崎嶇的山路上，番茄全被摔得又爛又髒。

看著地上鋪滿的番茄，兄弟倆十分難過，辛苦一年的勞動成果全成泡影了。老二坐在雨中號啕大哭起來，老大安慰老二：「弟弟，你從小還沒進過城裡，我們今晚就住在城裡，明天我帶你四處轉轉，你也長長見識。」

老二依舊在抽噎著，「可是我們種了一年的番茄就這麼丟了？」

老大望了望陰沉的天，說：「天無絕人之路！我們看看有沒有別的法子。你別傷心了，本來我們就夠倒楣的，再為這些爛番茄難過就更不划算了！」

老二聽後，不再哭了，跟著哥哥一起往城裡走去。

在城裡吃餃子的時候，他們發現餐桌上有一小罐辣醬，散發著番茄的味道，吃起來很好吃，就向老闆討了一點帶在身上。等第二天他們在另一家飯店吃炒菜時，發現裡面好像也有番茄的味道，就向老闆打聽。老闆說菜裡面加了番茄醬，味道會更好些。於是，他們向老闆學到了做番茄醬的方法。

等他們從城裡回來，把那一馬車的番茄重新清洗乾淨，嘗試著做成番茄醬和辣醬。經過反覆試驗，終於研製出一種味道非常好的番茄醬和辣醬。最後，他們將做出的番茄醬和辣醬賣給城裡所有的飯店，結果大受歡迎。兄弟倆賺的錢比以前賣番茄多了兩倍。從此，兄弟倆開始專門

以賣番茄醬和辣醬為生了。

這對兄弟要不是馬車掀翻，番茄全摔爛賣不掉，也不會想到做出番茄醬和辣醬來賣。

可以說，這次的痛苦經歷非但沒給他們帶來厄運，反而找到了一條新的致富之路。

只要我們不懼怕挫折、教訓，從教訓中反思，在陣痛中成長，抓住每一次成長的機會，終究會絕境逢生的。

⋯禪林清音⋯

在順境中修行，永遠不能成佛。你永遠要感謝給你逆境的眾生。

17. 高僧與青年

圓心寺有個得道高僧，叫了空。他十六歲離開父母出家修行，至今已有近百年了。自出家以來，他每日裡青燈黃卷，早誦晚唱，晨鐘暮鼓，香薰經洗，自感沾山水之靈氣，吸佛道之精華，已經六根清淨，六塵不染，了卻了一切塵緣。因了空德高望重，令人高山仰止，一時間圓心寺香客不斷，來參禪解悟的人也絡繹不絕。

一日，來了一個青年，想了卻塵緣，皈依佛門，在這裡尋一份清靜，找一方淨土。他跪在高僧面前，說：「師父，請收下我做您的徒弟吧。」

高僧看了看他，說：「你真的能了卻塵緣？」

青年肯定地點點頭。

高僧的心裡突然閃出一個奇怪的念頭，他不相信眼前

這個青年能了卻塵緣，一心向佛。於是，高僧拿出一個早已蒙塵的銅鏡，遞給青年，說：「佛門淨地，纖塵不染，既入空門，塵緣必了，鏡如爾心，若能擦淨，再來。」

青年拿起銅鏡跪別而去，回到家，淨了身，燃了香，心無雜念，虔誠地拿起銅鏡擦了起來。上面的浮塵輕輕一擦就掉了，然而，有幾個黑色的印痕卻怎麼也擦不掉，於是青年拿出一塊磨石，打磨了起來，就這樣起早貪黑打磨了半個月，銅鏡終於光鑒照人了。

青年拿著銅鏡又來見高僧。高僧看了看，搖搖頭。

青年不解，問高僧：「難道銅鏡還沒有擦淨？」

高僧微微笑道：「你再用心地看看。」

青年拿起銅鏡，看了又看，終於看見了一道印痕。這道印痕若隱若現，如絲線般印在光亮的鏡子上。

青年臉紅了一下，接過鏡子走了。

青年回到家裡，依然孜孜不倦地磨那個鏡子，無論春夏秋冬，從來沒有停息過，因為他的心早已斷絕紅塵皈依了佛門。他彷彿看見，在開滿蓮花的佛桌前高僧正在為自己剃度，自己將來就是佛前的一支蓮──哪怕是佛前的一炷香，燃盡自己也是幸福的啊！

一縷佛光燃亮了希望，一盞心燈照亮了行程。為了心中的希望，青年的手早已磨出了厚厚的老繭，腰也坐得如弓一般難以直起。直到那個銅鏡被磨得薄如蟬翼，那個痕印還是沒有被磨去。

青年不知道這印痕有多深，拿起鏡子反過來一看，發現那個印痕已經透到了鏡子後面。

青年絕望了，他知道，鏡子上的印痕無論如何也磨不

掉了。他想，一定是高僧以為自己沒有誠心，難絕塵緣，才弄了這麼一個鏡子暗示他。青年感到佛光消失了，心裡的那盞燈也熄滅了，眼前一片黑暗，不禁仰天長歎：「佛啊，看來我今生是與你無緣了。」

高僧正在打坐參禪，忽然感覺到眼前出現了兩朵蓮花，一朵含苞待放，沒有盛開就凋落了；一朵看似清淨的蓮上，卻黏上了一點污泥。高僧大吃一驚，想起了那個來拜師的青年，忙派人下山去找。

然而，那個青年已經懸樑自盡了。

高僧懊悔不已，忽然感到自己的生命之燈也到了油盡燈枯的時候。圓寂時，在生命的最後時刻，最先出現在他腦海裡的不是佛祖，而是他的父母。

他喟然長歎：看來自己也是難了塵緣，近百年的修行仍難成正果，更何況那個青年啊！人心如鏡，這世上又有誰能把前塵過往擦得不留一絲痕跡呢？

高僧圓寂了。佛祖卻寬容地留下了他，讓他成了佛。

∴道破禪機∴

愛自己就要釋懷過去

每個人一生中都曾有過不愉快的經歷，每每想起它，就會慚愧內疚不已，深深痛惡自己並經常自責。但是，我們要忘記不愉快的過去，開始新的生活，不能像擦銅鏡的青年那樣一味地鑽牛角尖，也不要像高僧那樣苛求他人完美，而是學會接受生活中的各種遺憾，愛自己，寬容自己，釋懷過去，才能活得幸福輕鬆。

　　周主任在一家出版社已經工作八年了，但最近一年來他一直面帶憂鬱，每天不苟言笑地上班來，又滿懷心事地回家去。其實，同事們都知道他為了什麼事而耿耿於懷，只是沒料到他竟然苦惱了這麼長時間。

　　那是去年發生的事了，當時周主任受命於社長，為了整個出版社的大發展，緊鑼密鼓地為剛剛出版的暢銷書奔走各地。他的整個身心都被這本暢銷書吸引住了，因為這本書賣得很好，首印的十萬冊已經脫銷，根據市場反映，他正籌畫著再加印二十萬冊呢。他還知道這本書的成功不僅能夠給全社帶來很好的經濟效益，他本人也有可能因此而獲得年度風雲人物的榮譽。

　　這期間，有一個從事研究的老學者讓學生帶著他的嘔心瀝血之作來到了出版社，說是要出版本書。周主任在忙碌之中大致看了下稿件內容，覺得這本書要出版肯定滯銷，因為這幾年這種專業書的經濟效益一直不好。於是他對來者說：「這種書現在出版，市場反應肯定不好，我們社不敢出版，除非你們自己提供出版資助，我們還可以考慮出版。」這個學生帶著書稿快快而歸。

　　老學者聽完學生的話，喟然長歎：「哎，人心不古啊，現在的出版社居然只認錢而輕視文化，這麼好的稿子他們……」說完，他倒頭睡去了，卻再也沒有醒來。

　　他的學生為他感到憤憤不平，又找到周主任去說理，還要求出版社無論如何都要出版這本書。周主任一聽就火了：「我幹了這麼多年，還沒見過哪個作者這麼跟我講話。你們的書稿內容再不錯，我們不賺錢就是不出版，你以為我們拿工資的不曉得心疼社裡的錢啊！」

　　那個學生被同事送走了，而那一夜，周主任無法入睡，他又翻看了一下那份書稿，覺得確實寫得不錯。他躺在床上，想起上學時那個對自己很好的老教授，滿肚子學問卻苦於沒有機會，一直默默無聞，還經常掏錢請他這個窮學生吃飯……想到這裡，他突然覺得自己變了，變得越來越唯利是圖了。可是，現在又能怎麼樣呢，那位老人家氣不過已經過世了，現在同意出版的話，豈不是讓同事和下屬覺得自己以前太沒眼光了，所以，他為了面子，最終沒有出版那本書。

　　過了不到三個月，那本書在另外一家出版社出版了，而且受到各方面的關注，發行量不俗不說，還被評為年度精品圖書。

　　這樣一來，他更加不安了，還老覺得自己在同事和下屬面前抬不起頭來，整個人一點精神都沒有。

　　社長看到曾經生龍活虎的周主任如今變得沉默寡言，主動找他談了次話。周主任早已承受不住，就把自己的苦惱一五一十地都說給這個既是上司又是老大哥的社長聽。社長聽完，沉默許久，最終拍著他的肩膀說：「要說責任，我也有份，咱明天一起去公墓看看那位老學者，再一起去他家裡看看，見了他的家人你別擔心，你的臉面拉不下來，我來說，就說是我的決定。」

　　等第二天來到老學者家裡，老太太並沒有責怪他們的意思，只是說：「我家先生本來心臟就不好，醫生早就交代過我了，再說他的書已經出版了，他在黃泉路上也算是欣慰了。他的事，我不怪你們。」

　　周主任和社長從老學者家出來，眼睛裡還閃著淚花。

愛自己就要釋懷過去，不要因往事而將自己深鎖，試著學會放下，重新擁抱朝陽，才能讓人生有意義。

∵‧禪林清音‧∵

我有明珠一顆，久被塵勞關鎖。今朝塵盡光生，照破山河萬朵。

18. 鵝卵石

老和尚在桌子上放了一個裝水的罐子，然後又從桌子下面拿出一些正好可以從罐口放進罐子裡的鵝卵石。當老和尚把石塊放完後，問他的弟子們道：「你們說這罐子是不是滿的？」

「是！」所有的弟子異口同聲地回答。

「真的嗎？」老和尚笑著問，然後又從桌底下拿出一袋碎石子，把碎石子從罐口倒下去，搖一搖，再加一些，再問弟子：「你們說，這罐子現在是不是滿的？」這回他的弟子不敢回答得太快了。

最後，有位小和尚怯生生地細聲回答道：「也許沒滿。」

「很好！」老和尚說完後，又從桌下拿出一袋沙子，慢慢地倒進罐子裡，倒完後，再問弟子們：「現在你們再告訴我，這個罐子是滿的，還是沒滿？」

「沒有滿。」弟子們這下學乖了，大家很有信心地回答說。

「好極了！」老和尚再一次稱讚這些「孺子可教」

的弟子們。稱讚完後，老和尚從桌底下拿出一大瓶水，把水倒進看起來已經被鵝卵石、小碎石、沙子填滿了的罐子裡。

當這些事都做完之後，老和尚問弟子們：「我們從上面這些事情可以悟出什麼？」

一陣沉默，然後一位自以為聰明的小和尚回答說：「無論我們的工作多忙，行程排得多滿，如果要努力一下的話，還是可以多做些事的。」這位小和尚回答完後心中很得意地想：「還是我的悟性高啊！」

老和尚聽到這樣的回答後，點了點頭，微笑道：「答案不錯，但並不是我要告訴你們的禪機。」說到這裡，老和尚故意停頓，用眼睛向在場的弟子們掃了一遍說：「我想告訴你們的道理是，如果你不先將大的鵝卵石放進罐子裡去，你也許以後永遠沒機會再把它們放進去了。每一天我們都在忙，每一天我們所做的事情好像都很重要，每一天我們都不斷地往罐子裡灌進小碎石或沙子，各位有沒有想過，什麼是你生命中的『鵝卵石』？」

小和尚們聽後，都陷入了沉思。

‥道破禪機‥

抓住最重要的

老和尚用最形象的方法告訴了小和尚們一定要先把鵝卵石放進罐子裡，以免充斥了太多的碎石、細沙，導致鵝卵石無處安放，最後發出了令人深省的一問：「什麼是你生命中的『鵝卵石』？」

關於往罐子裡裝鵝卵石的禪理，曾被不同的人用於不同的領域。

有人曾將它用於時間管理，不僅在一年中把最重要的大事放在首要地位，為它們安排出更多的時間，在細化到每月每天中也要先把最重要的事完成，然後才去做緊急而不重要的。只有這樣，才能充分利用有限的時間先完成最重要的事，以提高學習或工作效率。

還有人曾用這個道理來做一道人生選擇題，他把人生分成家庭、事業、健康、友誼、心靈五個球，讓人們來排列這五球在自己心目中的位置，最後用鵝卵石理論提醒人們，無論你怎麼選擇排序，都會有一樣很重要的東西會被你忽略，而有一天它可能會讓你後悔不已。

理解鵝卵石理論並不難，用它來指導你管理時間也容易上手，但如何抓住你生命中最重要的東西，未來不會因放棄其他而後悔，卻有極大的難度。因為我們在很多時候很難真正弄明白什麼才是自己最重要的，即使當時覺得明白了，也很難保證以後不會發生改變，一旦改變，恐怕再後悔也來不及了。

同樣的，老和尚也沒有給出最佳答案，他只是把這個問題明確地提了出來讓小和尚們自己去思考。而下面這個故事，或許能對你有所啟發。

有一個美國商人坐在墨西哥海邊一個小漁村的碼頭上，看著一個墨西哥漁夫划著一艘小船靠岸，小船上有好幾尾大黃鰭鮪魚。這個美國商人對墨西哥漁夫能抓這麼高檔的魚恭維了一番，還問要多少時間才能抓這麼多。墨西哥漁夫說，才一會兒功夫就抓到了。美國人再問：「你為

什麼不待久一點，好多抓一些魚？」

墨西哥漁夫覺得不以為然：「這些魚已經足夠我一家人生活所需啦！」

美國人又問：「那麼，你一天剩下那麼多時間都在幹什麼？」

墨西哥漁夫解釋：「我呀？我每天睡到自然醒，出海抓幾條魚，回來後跟孩子們玩一玩，再跟老婆睡個午覺，黃昏時晃到村子裡喝點小酒，跟哥兒們玩玩吉他，我的日子可過得充滿樂趣呢！」

美國人不以為然，於是幫他出主意：「我是哈佛大學企管碩士，我倒是可以幫你忙！你應該每天多花一些時間去抓魚，到時候你就有錢去買條大一點的船，自然你就可以抓更多魚，再買更多船，然後你就可以擁有一個船隊。到時候你就不必把魚賣給魚販子，而是直接賣給加工廠，然後你可以自己開一家罐頭工廠，如此你就可以控制整個生產、加工處理和行銷。然後你可以離開這個小漁村，搬到墨西哥城，再搬到洛杉磯，最後到紐約，在那裡經營你不斷擴充的企業。」

墨西哥漁夫問：「這又花多少時間呢？」

美國人回答：「十五到二十年。」

「然後呢？」

美國人大笑著說：「然後你就可以在家當皇帝啦！時機一到，你就可以宣佈股票上市，把你的公司股份賣給投資大眾。到時候你就發啦，你可以幾億幾億地賺！」

「然後呢？」

美國人說：「到那個時候你就可以退休啦！你可以搬

到海邊的小漁村去住，每天睡到自然醒，出海隨便抓幾條魚，跟孩子們玩一玩，再跟老婆睡個午覺，黃昏時，晃到村子裡喝點小酒，跟哥兒們玩玩吉他囉！」

墨西哥漁夫疑惑地說：「我現在不就是這樣了嗎？」

美國人沉默了。

處於物質主義氾濫、拜金主義盛行的大環境下，我們應該對自己的人生負責，要在紛紛擾擾中保持清醒的頭腦，時常捫心自問，將家庭、事業、健康、友誼、心靈五者仔細斟酌，找到自己生命中的「鵝卵石」，緊緊地抓住它，讓自己活得更明白，更有意義；同時一定要記住，它是你生命中的「鵝卵石」，不是別人的，不要受環境和他人言論的影響，以免在渾渾噩噩中把「碎石」或「細沙」當成自己的「鵝卵石」。

在這種大是大非的選擇面前，一定要學會傾聽內心的聲音，抓住你生命中最重要的東西。

∵禪林清音∵

一個人若不知道什麼是生命中最重要的，那麼生命對他來說是一種懲罰。

19. 剃　度

親鸞上人是日本禪宗歷史上最負盛名的禪師，從小就已立下出家的志向。九歲那年，父母相繼過世，他便跑進寺裡，請求著名的慈鎮禪師為他剃度。

　　慈鎮禪師就問他說：「你還這麼年小，為什麼要出家呢？」

　　親鸞說：「我雖年僅九歲，父母卻已雙亡，我不知道為什麼人一定要死亡，為什麼我一定非與父母分離不可，為了尋得這層道理，我一定要出家。」

　　慈鎮禪師非常嘉許他的志願，說道：「好！我明白了。我願意收你為徒，不過，今天太晚了，待明日一早，再為你剃度吧！」

　　親鸞聽後，非常不以為然地道：「師父！雖然你說明天一早為我剃度，但我終是年幼無知，不能保證自己出家的決心是否可以持續到明天；而且您那麼年高，也不能保證您明早起床時是否還活著。」

　　慈鎮禪師聽了這話以後，拍手叫好，並滿心歡喜地道：「很好，你說的話完全沒錯，現在我就為你剃度吧！」

·∵道破禪機∵·

想好了就去做

　　每個人的一生中，總有著種種憧憬和夢想，如果我們將它們迅速付諸實踐，不曉得會收穫多大的成功！可惜，人們往往不是馬上就執行當前的決定，而是一味地拖延，使得激情逐漸淡化，計畫最終破滅。

　　對一位渴望成功的人來說，拖延是最具破壞性，也是最危險的惡習，它會使你喪失進取心。然而克服拖延的毛病並非像一些書上寫的那麼困難，其實就一句話：「想好

了就去做。」

　　有一個窮困潦倒的中年人，在一次企業改革中被裁掉了。被裁後，他每天都會想著如何擺脫困境，怎樣才能賺到錢，想得自己夜不能眠，飯也吃不下。

　　一天，他偶然在報紙上看到，有個人買彩券中了五百萬，然後拿著獎金下海創業去了。他一下子彷彿看到了生活的希望，而一直為他發愁的老母親對他說：「你到寺裡給菩薩燒炷香吧，讓菩薩給你度度難。」

　　他一想是這麼個理兒，就跑到山上那個香火不斷的寺裡去求菩薩。

　　第一次拜菩薩，他非常虔誠地對菩薩說：「菩薩啊，請念在我母親多年來敬畏你，為你燒香的份兒上，讓我中一次彩券吧，日子實在過不下去了。」

　　幾天後，他又跑到菩薩面前，同樣虔誠地跪下說：「菩薩啊，為何不讓我中彩？我都第二次跑來求您啦，就讓我中一次吧，中一次我就能翻身了。」

　　過了幾天，他又出現在寺裡，重複著他的祈禱。就這樣，他每隔幾天都來一次，週而復始地向菩薩祈求著。

　　到最後一次，他幾乎哭著說：「我大慈大悲的菩薩，您為什麼一直不理睬我的祈求呢？我這輩子就求您這麼一件事啊。只要讓我中一次彩券，我願意終生為您燒香侍奉您啊。」

　　這時，他聽到菩薩發出聲音：「我一直在垂聽你的禱告，可是，最起碼，你也該先去買一張彩券吧？」

　　他聽了菩薩的話，立馬跑下山去買了一張彩券，結果只中了二千元，剛好夠他這幾次來拜菩薩的香火錢和路

費。這次，他沒有再回去求菩薩，也沒有抱怨什麼，而是回到家，幾天後，跑到街頭開了一間修理自行車的小店鋪。接下來的日子，他守著那個店鋪，風裡來雨裡去，一幹就是五年，然後又用攢下來的錢置了一個麵包房，日子越過越好了。

原來菩薩的話，給了他一生最受用的忠告：無論做什麼事，想好了還要馬上就去做。

·∵禪林清音∵·

修行就是修正自己錯誤的觀念。

20. 夜夜做夢

有一個人，每到晚上都會做一個夢，他夢見自己走在很長的走廊，走到盡頭時，出現了一道門，看見門後，他全身發抖，直冒冷汗不敢打開它。就這樣，二十年來他每晚都做同樣的夢，也找心理醫師治療了二十年，可是一點兒效果也沒有。

後來他找到了慧明禪師，也把夢中的情形跟慧明禪師說了。

慧明禪師沉思片刻，對他說：「你為什麼不把門打開看看呢？最多就是一死而已嘛！」這人想想很有道理，於是當晚在夢中他便鼓起勇氣把門推開了……

第二天，他又來找慧明禪師。

慧明禪師問他：「門打開了嗎？」

他點點頭回答：「打開了！」

慧明禪師問：「結果，門後有什麼呢？」

他說：「打開門後，呈現在眼前的是一片綠油油的柔軟草地，有燦爛的陽光、飛舞的蝴蝶……」

∵道破禪機∵

推開你的思維門

這個夜夜夢到門的人，在害怕了二十年後，終於勇敢地打開那扇門，卻發現外面是一個非常美麗的新世界。如若不是他的勇敢，恐怕窮其一生都會生活在惶恐之中。

其實，這個門不過是未知的隱喻罷了，而人類的本能就是對未知充滿恐懼，所以這個門也象徵著人類思維的局限。如果一個人一直局限在思維門之內，很難會有新的發現和體驗；只有大膽地推開它，邁向未知的領域，才能領悟生命的真諦。

這世界上有許多重大發現，都是由那些勇敢的人，在大膽地推開思維門之後才發現的。

偉大的數學家高斯，也正是沒有受到思維門的限制，才在一夜之間解開了一個兩千多年的數學懸案。

高斯出生於德國的一個貧窮之家，從小就顯露了出類拔萃的數學才能。上小學的時候，他和幾個同學上課時淘氣，影響了別的同學聽講。放學後老師把他們留下來，懲罰他們做算術題：從1加到100。

別的同學都在一步一步地演算，唯獨高斯沉思了一會兒，毫不猶豫地在作業本上寫下了答案——5050，隨後就交卷了。老師一看答案沒錯，二話沒說就讓他回家去了。

第二天老師見到高斯，問他昨天那道題怎麼做得那樣快，高斯輕鬆地回答說：「我看這道題有個規律：100加1是101，99加2也是101，98加3還是101，依此類推共有50個101，答案顯然應該是5050。」

老師非常欣賞高斯的數學才能，便把他推薦給熱衷於慈善事業的布倫瑞克公爵，這位慷慨的公爵資助高斯從中學一直讀完大學。

在讀大學二年級的一天，高斯不但吃過晚飯，開始埋頭做導師每天單獨給自己佈置的數學題。通常他只要兩小時就能完成作業，不料這一次卻遇到了麻煩。他做完了前兩道題之後，發現第三道題單獨寫在一張紙上，即用圓規和直尺做出圓的內接正十七邊形。他像做前兩道題一樣專心致志，只是越往下做越感到吃力，簡直是一籌莫展了。

然而，高斯不但沒有被難題嚇倒，反而激發了他越戰越勇的鬥志。他見按常規的套路行不通，就嘗試用一些超常規的思路去解題。他手持圓規和直尺，不停地在紙上一遍又一遍地畫著……當他解開這道題的時候，曙光已經取代了夜色。

當導師看到高斯解開了這道難題的時候，驚訝得連說話的聲音都顫抖起來：「真的是你自己做出來的嗎？你知道不知道，你解開的是一道兩千多年的數學懸案！阿基米德沒有解出來，牛頓也沒有解出來，你竟然用一個晚上就解出來了，你可真是個天才！」

多年之後，當回憶起解開兩千多年數學懸案的情景時，高斯深有感觸地說：「如果有人事先告訴我，那是一道兩千多年一直沒有人能解開的數學難題，我根本不可能

在一個晚上攻克它。」

高斯最後的感觸告訴我們一個很深的哲理，那就是如若受到思維門的恐嚇而害怕的話，任何天才都很難有什麼成就了。因此，當你遭遇思維門時，一定要鼓勵自己勇敢一點，千萬不能因為怯懦而錯過了重大發現。

∴禪林清音∴

修禪、參禪就是對未知的探索。

21. 小和尚買油

在山中的廟裡，有一個小和尚被要求去買食用油。在離開前，廟裡的廚師交給他一個大碗，並嚴厲地告誡他：「你一定要小心，你絕對不可以把油灑出來！」

小和尚答應後就下山到城裡去廚師指定的店裡買油。在上山回廟的路上，他想到廚師兇惡的表情及嚴厲的告誡，愈想愈覺得緊張。小和尚小心翼翼地端著裝滿油的大碗，一步一步地走在山路上，絲毫不敢左顧右盼。

很不幸的是，在他快到廟門口時，由於沒有向前看路，結果踩到了一個坑。雖然沒有摔跤，可是卻灑掉三分之一的油。小和尚非常懊惱，緊張得手都開始發抖，無法把碗端穩。當他回到廟裡時，碗中的油就只剩一點兒了。

廚師拿到油碗時，非常生氣，指著小和尚大罵：「你這個笨蛋，我不是說要小心嗎？為什麼還是浪費這麼多油，真是氣死我了。」

小和尚聽了很難過，開始掉眼淚。另外一位老和尚看

到後就跑來問是怎麼回事，瞭解情況以後，他就去安撫廚師的情緒，並私下對小和尚說：「我再派你去買一次油。這次我要你在回來的途中，多觀察你看到的人和事物，並且需要跟我作一個彙報。」

小和尚想要推卸這個任務，強調自己油都端不好，根本不可能既要端油，還要看風景、作彙報。

不過在老和尚的堅持下，他只好勉強上路了。在回來的途中，小和尚發現其實山路上的風景真是美，遠方看得到雄偉的山峰，還有農夫在梯田裡耕種。

走了不久，又看到一群小孩子在路邊的空地上玩得很開心，而且還有兩位老先生在下棋。就在邊走邊看風景的情形下，小和尚不知不覺就回到廟裡了。當小和尚把油交給廚師時，發現碗裡的油裝得滿滿的，一點都沒有少。

·道破禪機·

淡化過多的壓力

生活中，有不少人都有過像小和尚第一次買油一樣的經歷，越是朝著目標努力做好一件事時，結果反而更糟。像這種由於做事過度用力或意念過於集中，反而將平素可以輕鬆完成的事情搞糟了的現象，在現代醫學中被叫做「目的顫抖」。究其原因，無非是目標所帶來的心理壓力過大，使人的潛能無法正常發揮，導致一些原本很簡單的事都做不好。

而智慧的老和尚卻成功地將小和尚的心理壓力淡化，取而代之的是一種「在路上」的愉悅，讓小和尚在欣

賞風景的同時，輕鬆地完成了任務。

誠然，做事要有明確的目標是許多勵志大師所宣導的內容之一，因為它會給人帶來一種前進的壓迫感，能催人奮進。但是，也不能因為過多地強化目標而忽略了過程，結果導致心理壓力過大。人若長期在這種狀態下工作、生活，對身心不利不說，還可能會使人離目標更遠。

為了更形象地認清壓力，先看下面這則故事：

有一位老師正在給學生們上課，大家都認真地聽著。寂靜的教室傳出老師洪亮的聲音：「各位認為這杯水有多重？」說著，講師拿起一杯水。有人說二百克，也有人說三百克。「是的，它只有二百克。那麼，你們可以將這杯水端在手中多久？」講師又問。很多人都笑了：「二百克而已，拿多久又會怎麼樣！」

講師沒有笑，他接著說：「拿一分鐘，大家一定覺得沒有問題；拿一個小時，可能覺得手酸；拿一天呢？一個星期呢？那可能得叫救護車了。」大家又笑了，不過這回是贊同的笑。

講師繼續說道：「其實這杯水的重量很輕，但是你拿得越久，就覺得越沉重。這如同把壓力放在身上，不管壓力是否很重，時間長了就會覺得越來越沉重而無法承擔。我們必須做的是放下這杯水，休息一下後再拿起，只有這樣我們才能拿得更久。所以，我們所承擔的壓力，應該在適當的時候放下，好好地休息一下，然後再重新拿起來，如此才可承擔更久。」

老師說完，教室裡一片掌聲。

上面的故事闡述了一個非常有意義的道理，即學會淡

化壓力。許多職場人不僅身受競爭環境的壓力，還時時感受到目標帶來的壓力，每天的生活幾乎是被壓力趕著跑，面對這些壓力經常以「有壓力才會有動力」來自勉。但他們往往忘記了淡化壓力，從而讓自己疲憊不堪，最終不堪重負。

因此，要記住壓力是把雙刃劍，只有在適度時，它才是動力，超出那個「度」，壓力就會變成阻力。我們要在朝著目標努力的同時，將更多的注意力集中到手中所做的事情上，享受這種實現目標的過程，讓自己在愉悅的奮鬥過程中，一步步靠近目標。

⋯禪林清音⋯

掃除心頭千斤石，方是上路最佳期。

22. 月 船 賣 畫

月船禪師是一位善於繪畫的高手，可是他每次作畫前，必堅持購買者先行付款，否則絕不動筆，這種作風，常常遭到世人的批評。

有一天，一位女士請月船禪師幫她作一幅畫，月船禪師問：「你能付多少酬勞？」

「你要多少就付多少！」那女子回答道，「但我要你到我家去當眾作畫。」

月船禪師答應了。

原來那女子家中正在宴請賓客。月船禪師以上好的毛筆為她作畫，畫成之後，拿了酬勞就要離開。這時，那位

女士對宴桌上的客人說道：「這位畫家只知要錢，他的畫雖畫得很好，但心地骯髒，金錢玷污了它的善美。出於這種污穢心靈的作品是不宜掛在客廳的，它只能裝飾我的一條裙子。」

說著便將自己穿的一條裙子脫下，要月船禪師在它後面作畫。月船禪師問道：「你出多少錢？」

女士答道：「哦，隨便你要多少。」

月船禪師說：「紋銀二百兩。」這顯然是一個特別昂貴的價格，但是那位女士爽快地答應了。

月船禪師按要求畫了一幅畫，就走開了。

很多人懷疑，為什麼只要有錢就好？受到任何侮辱都無所謂的月船禪師，心裡是何想法？

原來，在月船禪師居住的地方常發生災荒，富人不肯出錢救助窮人，因此他建了一座倉庫，貯存稻穀以供賑濟之需；又因他的師父生前曾發願要建一座寺廟，但不幸其志未成就坐化了，月船禪師要完成師父的遺願。

當月船禪師完成其願望後，立即拋棄畫筆，退隱山林，從此不復再畫。

·道破禪機·

辨清是非的真相

這個故事構思很妙，很多人若不是看到月船禪師把賣畫的錢都用到賑濟窮人的地方，恐怕會和那個女士一樣認為月船禪師不過是個唯利是圖的小人。

是非曲直、善惡美醜一直都是社會中富有爭議的標

準，在禪中也不例外。那當如何看待是非、善惡呢？下面的故事，或許能為你揭示答案。

元朝的時候，有幾個讀書人，去拜見天目山的高僧中峰和尚，問道：「佛家講善惡的報應，像影子跟著身體一樣，人到那裡，影子也到那裡，永遠不分離。這是說，行善定有好報，造惡定有苦報，決不會不報的。為什麼現在某一個人是行善的，他的子孫反而不興旺？有某一個人是作惡的，他的家反倒發達得很？那麼佛說的報應，倒是沒有憑據了。」

中峰和尚回答說：「平常人被世俗的見解所蒙蔽，這顆靈明的心，沒有洗滌乾淨，因此，法眼未開，所以把真的善行反認為是惡的，真的惡行反算它是善的，這是常有的事情；並且看錯了，還不恨自己顛顛倒倒，怎麼反而抱怨天的報應錯了呢？」

大家又說：「善就是善，惡就是惡，善惡哪裡會弄得相反呢？」

中峰和尚聽了之後，便叫他們把所認為是善的、惡的事情都說出來。其中有一個人說：「罵人，打人是惡；恭敬人，用禮貌待人是善。」

中峰和尚回答說：「你說的不一定對。」

另外一個讀書人說：「貪財，亂要錢是惡；不貪財，清清白白守正道是善。」

中峰和尚說：「你說的也不一定對。」

那些讀書人，就把各人平時所看到的種種善惡的行為全講出來，但是中峰和尚卻總說不一定全對。

那幾個讀書人，因為他們所說的善惡中峰和尚都說不

對，所以就問和尚：「究竟怎樣才是善，怎樣才是惡？」

中峰和尚告訴他們說：

「做對別人有益的事情，是善；做對自己有益的事情，是惡。若是做的事情，可以使別人得到益處，哪怕是罵人、打人也都是善；而有益於自己的事情，那麼就是恭敬人、用禮貌待人也都是惡。所以一個人做的善事，使旁人得到利益的就是公，公就是真了；只想到自己要得到的利益，就是私，私就是假了。並且從良心上所發出來的善行，是真；只不過是照例做做就算了的，是假。還有，為善不求報答，不露痕跡，那麼所做的善事，是真；但是為著某一種目的，企圖有所得，才去做的善事，是假；像這樣的種種，自己都要仔細地考察。」

其實，看待所有的是非還是中峰和尚最後那句話：「自己都要仔細地考察。」

﹝‧‧禪林清音‧‧﹞

由己而行惡，由己而污染；由己不作惡，由己而清淨；淨不淨依己，何能淨他人？

23. 被埋的驢

有一天，某個農夫的一頭驢子不小心掉進一口枯井裡，農夫絞盡腦汁想救出驢子，但幾個小時過去了，驢子還在井裡痛苦地哀號著。

最後，這位農夫決定放棄，他想這頭驢子年紀大了，不值得大費周折去把它救出來，不過無論如何，這口井還

是得填起來。

於是農夫便請來左鄰右舍幫忙一起將井中的驢子埋了，以儘快免除它的痛苦。

農夫的鄰居們人手一把鏟子，開始將泥土鏟進枯井中。

當這頭驢子瞭解到自己的處境時，剛開始哭得很淒慘。但出人意料的是，一會兒之後這頭驢子就安靜下來了。

農夫好奇地探頭往井底一看，出現在眼前的景象令他大吃一驚：當鏟進井裡的泥土落在驢子的背部時，驢子的反應令人稱奇——它將泥土抖落在一旁，然後站到鏟進的泥土堆上面！

就這樣，驢子將大家鏟倒在它身上的泥土全數抖落在井底，然後再站上去。很快地，這隻驢子便得意地上升到井口，然後在眾人驚訝的表情中快步地跑開了！

·:道破禪機:·

抓住身邊的稻草

可憐的驢子，在絕望之餘卻能安靜下來，想出辦法，利用泥土墊高自己，順利地跳出了枯井。可見，原本最壞的境地，其實只需一點點智慧，就能化險為夷。漢朝時的名將李廣也曾因此而逃出了匈奴人的包圍圈。

那時，強悍的匈奴騎兵屢犯漢朝北部邊境，勇猛善戰的李廣多次與匈奴人交戰，以善射威震匈奴，使其不敢輕易與他交戰。李廣也因才氣天下無雙，戰功顯著出任上郡太守。

　　有一年，匈奴人突襲上郡。當時李廣帶了一百多名騎兵出去打獵，在打獵的路上遭遇三名匈奴騎兵。雙方迅速交戰，匈奴騎兵以高超的箭術連續射傷李廣數名騎兵。李廣當即斷定這三人是匈奴的射雕手，於是立刻讓左右騎兵迅速分散包圍他們，拉開強弓親自射殺兩名匈奴射雕手，嚇得最後一名下馬受擒。

　　李廣剛打算把俘虜捆綁上馬，遠遠地看到匈奴數千騎兵向這裡趕過來。這支匈奴騎兵見到李廣只帶百名騎兵，誤以為是漢軍誘使他們的疑兵，大吃一驚，立刻返回山上擺開迎戰陣勢。李廣的百名騎兵，也十分害怕，都想掉轉馬頭往回奔。李廣壓低聲音說：「我們現在離我軍軍營二十餘里，如果我們與匈奴千名騎兵惡戰的話，將死無全屍。我看匈奴士兵的謹慎與畏懼的樣子，他們肯定認為我們是引他們上當的誘餌啦，一定不敢追擊我們，也不敢射傷我們。」李廣稍作思忖，命令所有的騎兵向匈奴兵靠攏，一直走到離匈奴陣地不到一里的地方才停了下來。

　　李廣又下令道：「大家都解鞍下馬！」

　　他手下的騎兵擔心地說：「我們離匈奴兵如此近，如果他們來射殺我們，躲都躲不及，那該怎麼辦？」

　　李廣說：「匈奴兵以為我們要逃走，可是我們卻全部解下馬鞍示意我們不走，越是這樣他們越摸不透，就越不敢輕易射殺我們。」

　　果真如李廣所料，匈奴騎兵只是遠遠地觀察而不敢冒犯。這時一名騎白馬的匈奴將領殺出陣來，李廣翻身上馬，帶十幾個騎兵，射殺白馬將，然後重新回到他的隊裡，再卸下馬鞍。後來，他乾脆命士兵放開所有的馬匹，

躺在地上睡覺。

就這樣一耗就是一天，天色漸漸變晚，匈奴兵始終覺得他們可疑，但又不知其真實意圖，不敢前來攻擊。半夜時分，匈奴士兵怕李廣附近有漢軍埋伏，會乘夜襲擊他們，便悄悄地引兵撤離了。

第二天一大早，李廣見山上匈奴騎兵早已跑得沒影了，便悠然自得地率騎兵回到了營中。此次脫險，李廣的鎮定和智力讓隨從的百名騎兵佩服得五體投地。

智勇雙全的李廣迷惑敵軍，嚇退匈奴人，聰明的驢子抖土跳出枯井，無不因其不慌亂、不放棄而能為之。所以，無論職場上的你遭遇多壞的危機，要相信危機背後必有轉機，讓自己保持冷靜，設法抓住身邊的稻草，必能逃出危險的「枯井」。

·禪林清音·

水窮之處待雲起，危崖旁側覓坦途。

24. 固執的狐狸王

古印度的波羅奈城郊外，曾住著一位婆羅門，他為眾人在野外挖掘了一口水井。凡是放牛、割草、旅行的人，全部來這個井邊喝水和洗澡，歌頌波羅門的功德。

有一天黃昏，一群野狐狸來到井邊，看見井水溢出地面，立刻喝些水潤濕喉嚨。不料，狐狸王卻不肯喝那地上的積水。只見它把頭潛入井邊的吊桶裡，猛喝桶裡剩下的水。它喝完後，頭仍然潛在吊桶裡，忽然用力一摔，就把

那只桶子擲在地上，摔得粉碎。

其他野狐狸看見，都忍不住勸告它：「在極渴的時候，連乾枯的樹葉都很有用。何況這個吊桶對於行人旅客那麼重要，你為什麼要把它毀壞呢？」

「我高興這麼做，有什麼不可以？別人的困難，我有什麼辦法？這種事不知也罷，我管不著。」

不管部下怎麼說，狐狸王都聽不進去。行人把吊桶被破壞的事情轉告婆羅門，婆羅門又買了一個新桶放在井邊。不料，野狐狸王又來破壞了，一連破壞了十四個吊桶。雖然其他狐狸苦口婆心勸告它，可它仍然我行我素，對部下的勸告充耳不聞。

由於吊桶的破損率太高，婆羅門心想：「一定有誰埋怨我挖掘這個井，待我親自去察看一下。」他把一個新桶放在井邊，自己藏身在樹蔭下。一整天喝水的人來來往往，沒看到誰來破壞吊桶。

一會兒，夜幕低垂，一群野狐狸來到井邊，紛紛喝地面上的積水，只有一隻像是領袖的狐狸，把整個頭潛入桶裡喝水，喝完後，用力把桶子往地面一摔，摔得粉碎。

「原來這隻野狐狸，在埋怨這口井。」

婆羅門明白了真相，即刻跑回家去了，用木材再造一個頭伸得進去卻拔不出來的吊桶，重新放在井邊。第二天，他手持拐杖，隱藏在路旁的樹蔭下，靜待野狐狸前來。黃昏來臨，野狐狸照例走來喝水了。

那隻狐狸王沒有注意吊桶的改變，依然把頭伸進桶裡喝水，喝完了水，仍用力把水桶往地面猛撞。啊！吊桶不但沒有損壞，自己的頭反而拔不出來了。若把吊桶猛敲地

面，徒令自己頭痛，卻無法破壞桶子，也不能拔出頭來。正在狐狸王驚慌憤怒之際，婆羅門突然現身，揮起拐杖打死了它。

∴道破禪機∴

「一意孤行」的處世之道

人非聖賢，孰能無過？我們每個人在性格上或待人處事方面，難免有一時疏忽或是一直未曾發覺的死角。若在此時，有人提醒我們的缺點，我們應當心存感激，欣然接受，萬不可學那隻不聽勸告的狐狸，固執己見把自己逼向絕路。

但是，在接受他人的意見時，也要有所審查，不能盲目地接受所謂的「忠告」而放棄原則，甚至自毀前途。

西漢時期，有個叫趙禹的人，是太尉周亞夫的屬官司。一個偶然的機會，漢武帝劉徹看到他寫的文章文筆犀利、寓意深刻，認為在當時很少有人及得上他。漢武帝大為賞識，便讓趙禹擔任御史，後又升其為太中大夫，讓他同太中大夫張湯一同負責制定國家法律。

為了用嚴密的法律條文來約束辦事的官吏，他們根據漢武帝的旨意，對原有的法律條文重新進行了補充和修訂。

當時許多官員都希望趙禹能手下留情，把法律條文修訂得有個迴旋的餘地，便紛紛請他和張湯一起做客赴宴，但趙禹從來不答謝回請。幾次以後，不少人說他官架子大，看不起人。

　　過了一些時候，趙禹和張湯經過周密的考慮和研究，決定制定「知罪不舉發」和「官吏犯罪上下連坐」等律法，用來限制在職官吏，不讓他們胡作非為。消息一傳出，官員們紛紛請公卿們去勸說一下趙禹，不要把律法定得太苛刻了。

　　公卿們帶了重禮來到趙禹家，誰知趙禹見了公卿，只是天南海北地閒聊，絲毫不理會公卿們請他修改律法的暗示。過了一會，公卿們見實在說不下去了，便起身告辭。誰知臨走前，趙禹硬是把他們帶來的重禮退還。

　　這樣一來，人們才真正感到趙禹是個極為廉潔正直的人。有人問趙禹，難道不考慮周圍的人因此對他有什麼看法嗎？他說：「我這樣斷絕好友或賓客的請托，就是為了自己能獨立地決定、處理事情，按自己的意志辦事，而不受別人的干擾。」

　　明辨是非的趙禹為了恪盡職守，「一意孤行」拒絕群臣的勸說，最終為周圍人所敬佩。可見，在一些原則性的問題面前，恰當地「一意孤行」，拒絕他人過分的意見，也不失為一種高明的處世之道。

‥禪林清音‥

　　有主見是一種性格，更是堅持自我的智慧。

26. 死前的通知

　　在古代，有一個巨人在大路上浪遊，忽然一個陌生人朝他跑來，叫道：「站住！不准前進一步！今天你的生命

就結束了。」

巨人說：「什麼，你這矮子，我用手指就可以把你捏碎，你是誰，敢說這種大膽的話？」

那人回答道：「我是死神，你在人世的時間已經到了。」

巨人不答應，便和死神進行搏鬥。

那是一次既長久又激烈的戰鬥，最後巨人一拳把死神打倒，巨人贏了，照走他的路。死神被擊敗了，躺在一塊石頭旁邊，他沒有氣力，不能站起來。他說：「如果我永遠躺在這角落裡，怎麼辦呢？世界上將沒有一個人會死，滿地都是人，連站的地方都沒有了。」

這時候，一個小和尚從路上走來，看見那個發昏的人，很可憐他，把他扶起來，又把瓶裡的水給他灌了一口，使他恢復了氣力。死神站起來，問小和尚：「你知道我是誰嗎？你知道你扶起來的人是誰嗎？」

小和尚回答道：「不知道，我不認識你。」

死神說：「我是死神，我不饒恕任何人，對你也不能例外。你知道，我是感謝你的，我向你保證，不會突然來捉你，在我來捉你之前，我會先派我的僕人來通知你的。」

小和尚說：「好的，我知道你什麼時候來，總會有些好處，至少在通知我以前，我不用怕你。」

小和尚說罷就走了。此後，他快樂地生活著。

但是青春和健康是不能長久保持的，小和尚度過了青年、壯年，成了一個老和尚，疾病和痛苦也隨之而來，老和尚白天難過，夜裡也不能休息。他自言自語地說：「我

是不會死的，因為死神還沒有派僕人通知我，但願苦惱的日子早些過去吧！」

老和尚不久就恢復了健康，又開始愉快地生活。

寺廟裡的其他和尚看到老和尚死裡逃生，便詢問他吃了什麼靈丹妙藥，老和尚說：「愉快的心境就是我的靈丹妙藥！我和死神有個約定，死前他會來通知我，只要他還沒來，我就要愉快地生活下去，疾病怎麼能戰勝愉快的心境呢？」

∵道破禪機∵

境 由 心 造

現代社會的工作壓力不言而喻，國際勞工組織的一項調查顯示，在英國、美國、德國、芬蘭和波蘭，每十名辦公室職員中，就有一人患有抑鬱症、焦慮症，從而導致精力和體力透支。

很多人每天緊皺眉頭，忙忙碌碌，就像有句廣告語說的那樣：「三十歲的人六十歲的心臟。」資訊飽和、全球化的速度、機能失調的辦公室政治、工作過量造成人們生活得「愁眉苦臉」，體質也逐漸下降。要想改善這種情況，保持快樂的心境是首要的一步。

一位聞名遐邇的老人被電視臺節目主持人作為特約嘉賓邀請來參加活動。他確實是一個非常傑出的老人。他的講話完全沒有經過特別的準備，更沒有經過任何排練。這些講話與他的個性是完全一致的，他精神矍鑠，容光煥發，充滿快樂。

　　無論他想說什麼，他都毫不掩飾，而且思維敏捷。他的機智幽默，讓聽眾捧腹大笑。大家都非常喜愛他。這次節目，他給人留下了深刻的印象，他也和其他人一樣感到特別的興奮。

　　最後，節目主持人問這位老人：「你為什麼生活得這麼幸福，一定有什麼秘密吧？」

　　「不，沒有，我沒有什麼特別的秘密。」老人回答說，「這只不過和你臉上的鼻子一樣普通。在我年輕的時候，房貸、車貸的壓力很大，每天早上起床的時候，我都對自己說，我有兩種選擇：要嘛高興，要嘛不高興。你想我會選擇什麼呢？當然，我會選擇快樂，這就是全部的秘密所在。」

　　這似乎也太過於簡單了，但有時候簡單的東西就是真理！境由心造，你的心裡有多快活，你也就會得到多少快活。在面對不可避免的工作壓力的時候，一定要讓自己保持愉快的心境，每天對自己說：「在死神來臨之前，遇到再大的困難我都要開心！」

　　送給你一段馬斯洛說過的話：「心若改變，你的態度跟著改變；態度改變，你的習慣跟著改變；習慣改變，你的性格跟著改變；性格改變，你的人生跟著改變。」

　　境由心造，你的人生是愉快地度過，還是愁眉苦臉地度過，全看你的選擇。

·禪林清音·

　　糊塗人迷失於當下，後悔於過去；聰明人覺悟於當下，解脫於未來。

27. 沙彌開悟

有一位小沙彌，從小就立下了修行成佛的宏願。可是，他總是想不通，自己投身佛門已三年，師父既不教誦經，又不讓拜佛，總是叫自己上山砍柴。要是這樣，自己要到何年何月才能悟道呢？

一天，小沙彌像往常一樣上山砍柴，可是他腦子裡總想著怎樣悟道。突然，一隻罕見的動物來到了他的眼前，小沙彌好奇地問：「你是什麼動物，叫什麼名字，怎麼長得這樣奇怪？」

那隻奇怪的動物回答：「我叫『悟』。」

小沙彌一聽，心中非常高興，心想：「好極了，它就是『悟』，我不正想要『悟』嗎？我非把它抓住不可。」

沒想到那叫「悟」的動物立刻說：「好啊！你一看到我，就想抓住我，我不會讓你得逞的。」

小沙彌嚇了一跳，心想：「它居然知道我在想什麼。這樣吧，我就裝做什麼都不知道，趁它不注意時再去抓住它。」

不料「悟」又開口說道：「你以為我不知道嗎？想趁我不備將我抓住吧！告訴你，行不通的。」

小沙彌無奈之下，決定不再多想什麼，便照舊地砍起柴來。

不料，小沙彌手上一用力，只聽「唪嚓」一聲，斧頭柄斷了。斷了的那一段飛了出去，不偏不倚地正好砸在了「悟」的頭上，一下子就把它打昏了過去。小沙彌意外地

捉住了「悟」，心中很是高興，頓時開悟！

⌈∵道破禪機∵⌋

不要執著，用心過好眼下的生活

　　故事中的小沙彌有一個特別明顯的性格優點，一些事情努力過後如果還是不能如自己所願，那麼他便不再執著，繼續劈柴──過好眼下的生活，也許你達成願望的那一天會在今後的日子裡「不期而至」。

　　老伯坐上了北上的列車，他原本是一個中學老師，曾經有一個快樂幸福的家，兒子、媳婦很孝順，兩個小孫女也格外討人喜愛……可是一場變故卻讓他變得孤苦無依。

　　五年前他的大孫女十六歲，已經是高中一年級的學生了，是一個聰明美麗、品學兼優的好孩子。

　　在一個沒有月亮的晚上，女孩去上晚自習，就再也沒有回來過。急瘋了的家人四處尋找沒有結果，卻在幾天後被人告知在他家附近的枯井裡發現了女孩的屍體。她的兒媳一下子就瘋了。

　　案子倒是很快就查清了，兇手就是他家隔壁的一個剛剛高中畢業的男孩子。那男孩正在家裡等高考通知書，平時是一個斯文有理的孩子，頗得大家的喜愛。怎麼都沒想到會是他！問其原因更是讓人痛心。原來那男孩正迷上推理小說，只是想試一下書裡的作案方式是否有效。罪犯很快被依法判為死刑，事情似乎到此結束了，然而那男孩家不知有什麼通天手段，居然很快翻案，由死罪改為無罪。自此，他家苦難的歷程開始了。

　　老伯的兒子開始不停地上訴，不停地找有關部門，不停地……終於在一年前變得心灰意冷，不知所終。他那個原本就有病的小孫女由於長期無人照顧也不幸去世了，在家裡就剩下他和瘋了的兒媳。

　　這一次北上老伯就是再一次去上訪的，他不知道有沒有希望，但他相信總有一天會有結果的，在他的有生之年，他是不會放棄的。

　　老伯的故事講完了，你覺得老伯的執著是對還是不對？為親人翻案、讓真相曝光固然沒有錯，但是為了大孫女的一條人命，老伯家可以說又賠上了兩條人命——兒子不知所終，生病的小孫女因無人照顧而早逝，這就不得不讓人深思啊……

　　或許我們可以做一個大膽的假設，如果老伯一家在大孫女遇害而兇手以「無罪」逃脫法網、一次次上訪無效之後，能夠暫時放下自己的執著，過好眼下的生活，好好照顧瘋了的兒媳，尋找醫生給她治療，改善病情；同時細心栽培自己的小孫女，讓她將來多瞭解一些法律知識，將來為自己的姐姐討個公道；另外，別放棄找兒子，登個尋人啟事，告訴兒子翻案來日方長，家裡需要他……這樣的生活是不是比老伯現在的生活要好一些？

　　時間不會倒退，生命不會重來，我們只能在一步一步繼續生活的腳步中不斷總結、不斷成熟，思考自己的人生應該繼續執著還是不執著……

　　「執著」本是佛語，在佛家的訓誡裡，凡事都是因果有報，都應順其自然，執著是錯。當然，佛家的生活與常人的生活還是不同，我們不用完全按照佛家的訓誡來生

活，但是我們是否可以放一點點禪在生活中呢？有些時候適當的不執著也許會讓你的生活更好。

白雲不執著，天空才會呈現出一幅美麗的畫卷；流水不執著，才有了千般變化的形狀；張恨水不執著，才有了「恨水不成冰」的故事……

⋯禪林清音⋯

捨棄於忿怒，除滅於我慢，解脫一切縛，不執著名色，波無一物者，苦不能相隨。

28. 被加害的幼弟

某家庭有兄弟兩人，父親臨終時，再三吩咐長子：「你的弟弟年紀小，連東西南北都搞不清，你要好好照顧他，免得他受到饑寒之苦。」

在父子三人悲哀的擁抱中，父親終於放心地走了。可是，哥哥的妻子心地不善，父親死後，不時在丈夫面前說弟弟的不是：「眼下弟弟年幼不懂事，他長大後必然會跟你爭遺產，與其這樣，不如現在做個了斷。」

起初，哥哥充耳不聞，甚至罵她不對，可是禁不住妻子不斷嘮叨，逐漸也受到了影響。

有一天，他把弟弟帶到人跡罕至的山裡，將他綁在一棵柏樹上，他不忍心親手殺死幼弟，只想讓他去餵虎狼。臨走時，他對弟弟說：「你平時常常反抗我，我現在要罰你在這兒過一晚，你要忍耐，天亮時我會來接你回家。」

到了晚上，四周有鳶鳥、角鷹、狐狸和其他野獸的叫

聲，弟弟好生害怕，但卻沒有人來救他。弟弟不禁哀歎眼前的遭遇，哥哥沒有手足之情，竟會這樣迫害自己。

幸好，佛陀感應到他的哀求，便放出光明，照射森林四周，讓他的繩索自然鬆弛，身上的疼痛也沒有了，尤其使他免於饑寒，並恢復了精力、信心和希望。

他央求佛陀說：「我想成佛來拯救天下所有苦惱的人，就像您現在解救我一樣。」

這個孩子起了堅定、仁慈的求道心，佛陀果然為他說法，誘導教化，使他終於得到無上的覺悟。

一天，他向佛陀表示心願：「我哥哥、嫂嫂的惡念很熾烈，竟敢違背父親的遺命，想把我害死，不斷地加害於我。我卻因為這個緣由而見到佛陀，進而能夠了斷生死的痛苦，可說因禍得福，而今我想回去叩謝哥哥、嫂嫂的大恩大德。」

佛陀被他的寬容心感動了，馬上同意他的做法。當他回到家中，哥嫂看見幼弟，非常羞愧，不敢抬頭。可是，弟弟卻很溫和地說：「哥哥，你雖然聽了嫂嫂的話，把我綁在森林裡，想要害死我，但是，我卻因此遇到佛陀而成就今天的修行，你們真是我的大恩人。」

弟弟接著向哥哥說法一番，借機弘揚佛道，終於讓他們夫婦痛改前非，沐浴法喜。

∴道破禪機∴

走出仇恨的陰影

一個人能想清楚「仇恨」為何物，可不是件容易的事

情，因為大多數人一生中總是有過不同程度的仇恨以及形形色色的仇恨內容。

　　古希臘有位哲人說：人是感情動物，每個人都有一個天平，用自己的標準來衡量周圍的一切事物。仇恨有一股強大的力量，如果你失去對它的控制，它將給你的人生帶來災難。應對仇恨最好的方法是，用寬容的心來淡化這種原本很強烈的仇恨情緒。

　　力大無比的英雄海格利斯在山路中間發現一個奇怪的口袋，於是他就用腳踢它一下，那東西馬上膨脹起來。大力王海格利斯非常生氣，於是狠狠地踩它，想把它踩破，但它卻加倍膨脹。

　　惱羞成怒的海格利斯拿起粗大的木棒用力地砸它，但那個奇怪的口袋只是越來越快地膨脹著，最後把整條路都堵死了。

　　這時，山中走出一位聖人對海格利斯說：「我的朋友，你快別動它了，這是一個仇恨袋，如果你不把它當回事，不惹它，它就會像原來一樣小，但如果你記恨它、踢它，它就會無休止地膨脹下去，擋住你前進的道路！」海格利斯連忙停止踢打，果然，那個仇恨袋漸漸變成原來一樣大小。

　　對仇恨感受的淡泊並不代表你不承認仇恨，仇恨的可控性越強，我們就越可能承認它。

　　我們經常否認在我們或別人心中存在仇恨的情緒，因為仇恨本身是一種令人驚惶失措的感覺，但仇恨常常隱藏在其他與之有關聯的情緒中，看看以下的情緒就是可能存在仇恨的標誌。

如果意識到自己恨某人時，常常激起內疚感。這是因為我們相信自己是好人，好人是不應該恨別人的，所以就可能感到內疚，此時就極力將仇恨掩飾。

妒忌和仇恨聯繫甚密。如果我們感到了妒忌，那就意味著我們注意到另一個人有的東西我們沒有，而這些東西又是我們朝思暮想的，再走下去一步就是恨。或者說，妒忌是恨的根源。

尋釁也能因恨而起，尋釁就是以一種消極方式唬人。如果我們想或需要向某人尋釁，那麼，往往是先施之以恨，為自己的尋釁行為製造依據。

畏懼也可能成為仇恨的標誌。如果你害怕某些人，他們的力量又勝過自己，就很難不恨他們了。這對於那些對周圍環境無能為力的孩子更是如此，他們往往憎恨那些霸道的父母或老師。

擺脫仇恨循環的唯一出路是理智地承認自己的仇恨，不要去有意抵觸，用寬容的心去淡忘它，慢慢走出仇恨的陰影。

┌─ ·禪林清音· ─┐

仇恨永不能化解仇恨，只有慈悲能化解仇恨，這是永恆的至理。

29. 下一任住持

從前有一個老住持，他有三個徒弟，在他年事已高的時候，老住持決定把自己的住持之位留給三個徒弟中的一

個。可是，到底要把位置留給哪一個徒弟呢？

　　老住持於是想出了一個辦法：他要三個徒弟都花一年時間去遊歷世界，回來之後看誰做到了最高尚的事情，誰就是住持之位的繼承者。

　　一年時間很快就過去了，三個徒弟陸續回到寺廟，老住持要三個徒弟都講一講自己的經歷。

　　大徒弟得意地說：「我在遊歷世界的時候，遇到了一個陌生人，他十分信任我，把一袋金幣交給我保管，可是那個人卻意外去世了，我就把那袋金幣原封不動地交還給了他的家人。」

　　二徒弟自信地說：「當我旅行到一個貧窮落後的村落時，看到一個可憐的小乞丐不幸掉到河裡了，我立即跳下馬，從河裡把他救了起來，並留給他一筆錢。」

　　三徒弟猶豫地說：「我沒有遇到兩個師兄碰到的那些事，在我旅行的時候遇到了一個人，他很想得到我的錢袋，一路上千方百計地害我，我差點死在他手上。可是有一天我經過懸崖邊，看到那個人正在懸崖邊的一棵樹下睡覺，當時我只要抬一抬腳就可以輕鬆地把他踢到懸崖下。我想了想，覺得不能這麼做，正打算走，又擔心他一翻身掉下懸崖，就叫醒了他，然後繼續趕路了。這實在算不了什麼有意義的經歷。」

　　住持聽完三個徒弟的話，點了點頭說道：「誠實、見義勇為都是一個人應有的品質，稱不上高尚；寬容自己的仇人，而且幫助自己的仇人脫離危險才是最高尚的。我的住持之位決定傳給第三個徒弟。」

寬恕自己的敵人

　　最高境界的寬容就是寬容那些曾經傷害過我們的人。這不是一件容易的事，但是倘若我們這樣做了，那麼我們就會從中體驗到我們自身的富有和強大。

　　二戰期間，一支部隊在森林中與敵軍相遇，激戰後兩名戰士與部隊失去了聯絡，這兩名戰士來自同一個小鎮。

　　兩人在森林中艱難跋涉，他們互相鼓勵、互相安慰，半個月的時間過去了，依然沒有與部隊聯絡上。

　　有一天，他們打死了一隻鹿，依靠鹿肉又艱難度過了幾天。也許是戰爭使動物四散奔逃或被殺光，這以後他們再也沒看到過任何動物。他們僅剩下一點鹿肉，背在年輕戰士的身上。

　　有一天，他們在森林中又一次與敵人相遇，經過再一次激戰，他們巧妙地避開了敵人。就在自以為已經安全時，只聽一聲槍響，走在前面的年輕戰士中了一槍，幸虧傷在肩膀上！後面的士兵惶恐地跑了過來，他害怕得語無倫次，抱著戰友的身體淚流不止，並趕快把自己的襯衣脫下包紮戰友的傷口。

　　晚上，未受傷的士兵一直念叨著母親的名字，兩眼直勾勾的。他們都以為他們熬不過這一關了，雖然饑餓難忍，但他們誰也沒動身邊的鹿肉。天知道他們是如何度過的那一夜。第二天，部隊救出了他們。

　　事隔三十年，那位受傷的戰士安德森說：「我知道誰

開的那一槍，他就是我的戰友。當時在他抱住我時，我碰到他發熱的槍管。我怎麼也不明白，他為什麼對我開槍？但當晚我就寬恕了他。我知道他想獨吞我背著的鹿肉，我也知道他想為了他的母親而活下來。此後三十年，我假裝根本不知道此事，也從不提及。戰爭太殘酷了，他母親還是沒有等到他回來，我和他一起祭奠了老人家。那一天，他跪下來，請求我原諒他，我沒讓他說下去。我們又做了幾十年的朋友，我寬恕了他。」

　　如果說寬恕是一種聖潔的品質，那麼我們中的大多數人都具備這樣的仁慈。但原諒那些曾經傷害過自己的人，相信大多數人做不到。如果你拒絕忘記那些微不足道的陳年往事所引起的憤怒，你就不能體會到這種平靜。

　　我們在工作中一定會有與自己為敵的人，寬恕敵人有時就像鏡子反射出你對自己的寬恕一樣。寬恕是我們心靈成長的動力，寬恕能治療一切痛恨，能夠增強人際的和諧。不肯寬恕的人大多是自以為聰明的人，但從長遠來看，他們並不聰明。

　　有人批評林肯總統對待政敵的態度：「你為什麼試圖讓他們變成朋友呢？你應該想辦法打擊他們，消滅他們才對。」

　　「我們難道不是在消滅政敵嗎？當我們成為朋友時，政敵就不存在了。」林肯總統溫和地說。

　　這就是林肯總統消滅政敵的方法，將敵人變成朋友。他曾兩度當選為美國總統。今天，在以他的名字命名的紀念館的牆壁上刻著這樣一段話：「對任何人不懷惡意；對一切人寬大仁愛；堅持正義，因為上帝使我們懂得

正義；讓我們繼續努力去完成我們正在從事的事業——包紮我們國家的傷口。」

請相信寬容的力量！記住別人對我們的恩惠，洗去我們對敵人的怨恨，在人生的旅途中才能自由地飛翔。

┌·‥禪林清音‥·┐

心寬者，壽必長；心狹者，壽必促。

30. 寺廟裡的小偷

有一天晚上，殘夢禪師正在方丈室讀書，突然聽到牆壁上有響聲，猜想可能是個小偷，於是就叫弟子道：「拿些錢給那鑿牆的朋友吧！」

他的弟子走到鄰室，大聲地說道：「喂！不要把牆壁弄壞，給你些錢就是了！」

小偷一聽，嚇得轉身就逃走了。

殘夢禪師以責備的語氣對弟子說道：「你怎麼可以大聲吼叫？一定是你的聲音太大，把他嚇著了，可憐錢也沒有拿到就跑走了！這麼冷的天氣，他可能還沒有吃過晚飯，你趕快追上去把錢拿給他。」

弟子沒法兒，只得奉師命，在寒冷的深夜裡，到處尋找不知躲在哪個角落裡的小偷。

過了幾天，一天夜半睡覺時，小偷又潛進殘夢禪師的房間偷竊，把他唯一的一條棉被偷走了，殘夢禪師沒有辦法，只好以紙張蓋在身上取暖。

小偷在驚慌之間，被負責巡邏的弟子撞見了，倉皇中

將偷到手的棉被遺留在地下。徒弟撿到這床師父的棉被，趕緊送回師父房間。

此時，殘夢禪師身上正蓋著紙張，縮著身子在打哆嗦。他看到弟子送回的棉被說道：「哎呀！這條棉被不是被小偷偷走了嗎？怎麼又送回來呢？既然是小偷拿去了，就是他的東西。趕快，拿去還給他！」

弟子無奈，在師父的百般催促下，費了九牛二虎之力，才把逃得很遠的小偷找到，表明師父的意思，堅持把棉被還給他，並給了他些錢。小偷受了感動，特地跑回寺院向殘夢禪師懺悔，並因此皈依，從此改邪歸正。

∴道破禪機∴

大肚能容，結成無量歡喜緣

故事中的殘夢禪師也許讓你覺得有些迂腐，但是俗話說「饒人不癡漢，癡漢不饒人」，對於殘夢禪師來說，失去一條棉被也許會讓自己挨一夜的凍，但是只要有一些寬容之心，忍住一夜的凍，失去一條棉被也能讓小偷有所頓悟，這是值得的。

在我們的生活中也是一樣，有時候我們遇到一些令自己受到些許傷害的人，要抱著「饒恕之心」。人性本善，你的饒恕也許會讓他頓悟，從此變成你的好夥伴。

東漢時期，有個叫陳實的人，在縣衙裡當縣老爺，是個飽學之士，品行端正，道德高潔，遠鄉近鄰的人都非常敬重他。

這一年，陳實審理了一樁偷盜的案件。案件的主犯劉

易托相熟的師爺給陳實求求情，希望陳實大事化小，小事化了。誰知陳實不給面子，剛正不阿地判劉易賠償另一方損失，並且針對劉易「賄賂官員」的罪狀將其痛打三十大板。

被打的劉易心裡很不服氣，決定給陳實一個「跟斗」栽。

這天夜裡，劉易溜進了陳實家裡，準備偷走官印，好讓陳實受到朝廷重罰。在他動手偷東西時，忽然聽得幾聲咳嗽，不好，有人來了。慌亂間，劉易一時找不到妥善的藏身之處，急中生智，順著屋內的柱子爬到大樑上伏下身子，大氣也不敢出。

陳實提著燈從裡屋出來拿點東西，偶然間一抬頭，瞥見了樑上的一片衣襟，他馬上心知家裡進了賊了。他一點都不驚慌，從容不迫地把晚輩們全都叫起來，將他們召集到外屋，然後十分嚴肅地說道：「孩子們啊，品德高尚是我們為人的根本，做錯事不要緊，重要的是能改過，不能夠因為任何藉口而放縱自己，走上邪路。我們可不能因為一時之氣而丟掉志氣，自甘墮落啊！」

聽了陳實對孩子們的一番教誨，劉易吃了一驚——原來自己早就被發現了；他同時很為陳實的行為所感動——這次，他不但沒抓自己，反而耐心教育自己。

劉易羞愧難當，他翻身爬下樑來，向陳實磕頭請罪說：「您說得太好了，我錯了，以後再也不幹這種勾當，求您寬恕我吧。」

陳實和藹地回答道：「看你悔過的樣子，就知道你本性不壞，也是一時之氣所致吧。以後要好好反省一下，做

一個正直善良的人。」劉易十分佩服陳實，從此跟在陳實身邊協助陳實破案，成了陳實的一員得力幹將，造福了周圍的百姓。

在生活中，很多人是抬頭不見低頭見的，冤家宜解不宜結，很多時候我們不妨忍一忍，學學殘夢禪師和陳實，寬容地對待他們，以友善的目光去看待他們，他們可能會成為你的好夥伴。

·∴·禪林清音·∴·

大肚能容，斷卻許多煩惱障；笑容可掬，結成無量歡喜緣。

31. 像菩薩的女鬼

佛經中記載了這樣一則民間故事：

很早以前，一個偏遠山區的村落裡，住著一位小有名氣的雕刻師傅。由於這師傅的雕刻技巧不錯，所以附近一村莊的寺廟就邀請他去雕刻一尊「菩薩像」。

可是要到達那村莊，必須越過山頭與森林，偏偏這座山傳說鬧鬼，有些想越過山的人，若夜晚仍滯留在山區，就會被一個極為恐怖的女鬼殺死。因此許多親人、朋友就力勸雕刻師傅等隔日天亮時再啟程，免得遇到不測。

不過，師傅深怕太晚動身會誤了和別人約定的時辰，便感謝大家的好意而隻身赴約。

他走啊走，天色逐漸暗淡，月亮、星星也都出來了。這師傅突然發現，前面有一個女子坐在路旁，草鞋也磨破

了，似乎十分疲倦、狼狽。師傅於是探詢這女子是否需要幫忙，當師傅得知該女子也是要翻越山頭到鄰村去，就自告奮勇地背她一程。

月夜中，師傅背著她，走得汗流浹背後，停下休息。此時，女子問師傅：「難道你不怕傳說中的女鬼嗎？為什麼不自己快點兒趕路，還要為了我而耽擱時辰？」

「我是想趕路呀！」師傅回答，「可是如果我把你一個人留在山區，萬一你碰到危險怎麼辦？我背你走，雖然累，但至少有個照應，可以互相幫忙啊！」

在明亮的月色中，這師傅看到身旁有塊大木頭，就拿出隨身攜帶的鑿刀等工具，看著這女子，一斧一刀地雕刻出一尊人像來。

「師傅啊，你在雕什麼呢？」

「我在雕刻菩薩的像啊！」師傅心情愉悅地說，「我覺得你的容貌很慈祥，很像菩薩，所以就按照你的容貌來雕刻一尊菩薩！」

坐在一旁的女子聽到這話，即刻哭得淚如雨下，因為她就是傳說中的恐怖女鬼。多年前，她隻身帶著女兒翻越山頭時，遇上一群強盜，但她無力抵抗，除了被姦污外，女兒也被殺害。悲慟欲絕的她，縱身跳下山谷，化為厲鬼，專在夜間取過路人性命。

可是，這個滿心仇恨的女子萬萬也沒想到，竟會有人說她「容貌很慈祥，很像菩薩」！剎那間，這女子突然化為一道光芒，消失在月夜山谷裡。第二天，師傅到達鄰村後，大家都很驚訝他竟能在半夜裡活著越過山頭。從那天以後，再也沒有夜行旅人遇見傳說中的「女厲鬼」了。

友善地接納別人

只要能「打開心窗、接納別人」，連女鬼也會感受到你的真心誠意啊！在現代社會中，我們已被訓練成「自我防衛」的心理，經常戴著「有色眼鏡」來看人，還不時小心翼翼地防著，免得被壞人「騙了、坑了」。就因為這樣，人際關係逐漸淡漠了，爾虞我詐的事件增多了；人人都謹防著被騙、被害，氣氛也常繃得劍拔弩張，少有人像「雕刻師傅」一樣，能以「菩薩的心腸」來接納別人。

有一個小偷從監獄裡放出來以後，找工作時處處碰壁──沒有人瞧得起一個小偷，而且也沒有人放心請一個小偷去自己的公司工作。無奈之下，小偷只好在馬路邊擺了一個小攤，「專業開鎖」。

對於開鎖，小偷可是老手，不管客人是哪樣的鎖打不開，小偷不一會兒就能為客人解燃眉之急。

有一次，小偷朋友家裡的鎖壞了，打不開門，便上街尋找開鎖匠，一眼就瞧見小偷擺的開鎖攤兒，小偷在為朋友開鎖之前思索了好久，最終，他還是接下了朋友的生意。

可是不多久，風言風語就傳開了：「那個擺攤的以前進過監獄，就是因為入室偷竊」，「你怎麼還敢讓他開鎖啊，沒準兒什麼時候他把你家偷了」……種種惡毒的語言傳進了小偷的耳朵。

小偷知道，肯定是瞭解他底細的朋友傳出去的，他很氣憤，難道做個好人就這麼難？難道就沒有改邪歸正的

機會？小偷恨這個世道，決定一不做二不休，乾脆重操舊業，他的第一個目標就是朋友家……

小偷又一次邁進了罪惡的門檻，一方面是由於他性格的衝動，另一方面，朋友的中傷也是一個很重要的原因。如果那個朋友能夠不計前嫌地接納小偷，甚至只要這個朋友不把小偷的底細傳出去，不對小偷造成傷害，也許這個小偷就不會再次陷入犯罪的泥沼。

人生的美好是人情的美好，人生的豐富是人情的豐富。有句廣告語說得好：「握緊拳頭時，好像抓住了許多東西，其實連空氣都沒抓到！張開雙臂時，好像雙手空空，但全世界就都在你手心！」是的，當我們「推開心窗，接納別人」，陽光與清新的空氣就會流淌進來，屋子裡就會豁然開朗。

·禪林清音·

衆生皆平等。

32. 尚德禪師

在一座深山禪寺裡，有一位德高望重的尚德禪師。

雖然這位禪師隱居禪寺多年，但其品德至善，年輕時行走天下，閱人無數，頗具識才之能。

一日，寺裡來了三個年輕人，說是想拜在尚德禪師門下。

尚德對前來報導的小沙彌說：「不見，讓他們哪來的回哪去！」

聽到小沙彌的傳話後，其中一個年輕人說：「這種待人態度，還自稱尚德禪師，拜在他門下，豈不是自毀前途！」說完，就逕自下山去了。

第二個年輕人猶豫不決，他覺得下山的年輕人說得有幾分道理，但又不想遠道而來卻無功而返。同時，他看到第三個年輕人並沒有離去的意思，便打算觀望幾日。

第三個年輕人，聽了小沙彌的傳話，便請教他：「小師父，我們來時道路遙遠，能否在貴寺小住幾日，再返回去！」小沙彌把他的請求轉告給尚德，尚德同意，小沙彌帶他倆住進了柴房。

第二天一早，所有僧人還在夢中，第三個年輕人已經下山挑水將寺裡的水缸灌滿了；之後，又下山去砍柴。而第二個年輕人心想：「人家沒說收下我們，就這麼賣力地幹活，白幹不說，恐怕還被笑話是傻子！」

第三天、第四天依舊如此，第二個年輕人見尚德始終連見一面都沒有，也怏怏而返了。

大約過了一個月，尚德於清晨時分，在進出禪寺的大門前，遇到第三個年輕人挑水回來，問道：「年輕人，你為何如此勞作？」

年輕人不知他是誰，但依然謙卑地說：「我本想拜在尚德禪師門下修行，但不得見，只好自己修行，勞作便是為了修行。」

尚德心中大喜，認為他是一個真心修行的人，當即收下了這個年輕人。

∵道破禪機∵

弄虛作假終會被識破

尚德禪師以「傲慢」之態，識破虛偽之徒，收得心誠弟子，令人不得不佩服萬分。在日常生活中，有些人八面玲瓏，對你笑臉相迎，奉承有加，其實這些都是虛情假意，對於那些社會經驗不豐富、平時警惕性不高的人，這一招屢屢奏效。

在平時的生活中，如果不加以識別，就很容易被這種虛情假意欺騙，「被人賣了，還在幫人數錢」。

有個和尚自稱「沉默大師」，其實，他對禪道根本沒有任何真實的領悟，只是欺世盜名而已。

為了讓人信服，他專門找了兩名能說會道的侍僧。別人前來參問，都由兩位侍僧替他回答，而他自己則擺出一副高深莫測的模樣，一言不發，以表示他「默照禪」不可以言說。

一天，正當他的兩名侍僧因事外出之際，來了一位遊僧。遊僧恭問：「如何是佛？」

「沉默大師」不知如何回答是好，只得東張西望。或許他在找那兩位不可能在的侍僧吧！

遊僧點點頭，又問：「如何是法？」

對於這個問題，「沉默大師」仍然無法回答，他裝模作樣看看屋頂，繼而又看看地下。

「多麼神奇的『默照禪』啊！」遊僧心中歎道，接著再問：「如何是僧？」

至此，這位「沉默大師」只好閉上眼睛，再也沒有別的花招可耍了。

最後，那位遊僧問道：「如何是福？」

嗚呼！「沉默大師」，在無可奈何之下，不得已舉起雙手，向對方投降，你饒了我吧！

那位遊僧對這次的參訪非常滿意，他辭別「沉默大師」，踏上旅途。

在路上，遊僧遇見了「沉默大師」的兩位侍僧。談起「沉默大師」，遊僧崇敬有加，讚不絕口：

「我問他如何是佛，他立即向東看看，又朝西望望，表示眾生總是到處求佛，不知佛既不在東方，也不在西方。接著我問他如何是法，他以俯仰作答，表示佛法平等，無有高下。他在答覆如何是僧這個問題時，只是閉起眼睛，一言不發，這暗合了這樣的名句：閉目雲山深處臥，始知其人是高僧。最後，我問他如何是福，他的答覆是：伸開助人的雙手，以他的法施救度眾生。他真是一位大悟的禪師！他的禪道實在太高深了！」

虛假的表象居然將遊僧都騙過了，或者說，是遊僧自己太沒有防範意識，湊上去被人騙！工作中很多人也戴著「虛假的表象」，我們要打起十二分精神，不要讓自己受到傷害。

禪林清音

謊言像一朵盛開的鮮花，外表美麗，生命短暫。

33. 生活到底是什麼

　　一位滿臉愁容的生意人來到智慧老人的面前。

　　「先生，我急需您的幫助。雖然我很富有，但人人都對我橫眉冷對。生活真像一場充滿爾虞我詐的廝殺。」

　　「那你就停止廝殺唄。」老人回答他。

　　生意人對這樣的告誡感到無所適從，他帶著失望離開了老人。

　　在接下來的幾個月裡，他的情緒變得糟糕透了，與身邊每一個人爭吵鬥毆，由此結下了不少冤家。一年以後，他變得心力交瘁，再也無力與人一爭長短了。

　　「唉，先生，現在我不想跟人家鬥了。但是，生活還是如此沉重──它真是一副沉重的擔子。」

　　「那你就把擔子卸掉唄。」老人回答。

　　生意人對這樣的回答很氣憤，怒氣衝衝地走了。在接下來的一年當中，他的生意遭遇了挫折，並最終喪失了所有的家當。

　　妻子帶著孩子離他而去，他變得一貧如洗，孤立無援，於是他再一次向這位老人討教。

　　「先生，我現在已經兩手空空，一無所有，生活裡只剩下了悲傷。」

　　「那就不要悲傷唄。」生意人似乎已經預料到會有這樣的回答，這一次他既沒有失望也沒有生氣，而是選擇呆在老人居住的那座山的一個角落。

　　有一天他突然悲從中來，傷心地號啕大哭了起來──

幾天，幾個星期，乃至幾個月地流淚。

最後，他的眼淚哭乾了。他抬起頭，早晨和煦的陽光正普照著大地。他於是又來到了老人那裡。

「先生，生活到底是什麼呢？」

老人抬頭看了看天，微笑著回答道：「只有放棄一些東西，你才能得到一些東西。」

·：道破禪機·：

大棄大得

我們很多時候羨慕在天空中自由自在飛翔的鳥兒，人，其實，也該像這鳥兒一樣，歡呼於枝頭，跳躍於林間，與清風嬉戲，與明月結伴，飲山泉，覓草蟲，無拘無束，無羈無絆。這才是鳥兒應有的生活，也是人類應有的生活。

然而，這世上還有一些鳥兒，因為忍受不了饑餓、乾渴、孤獨乃至誘惑，從而成為籠中鳥，永永遠遠地失去了自由，成為人類的玩物。

與人類相比，鳥兒面對的誘惑要簡單得多。而人類，卻要面對來自紅塵之中的種種誘惑。在物慾橫流的塵世中，人們很容易迷失自我，跌入慾望的深淵，把自己裝入一個個打造精緻的「功名利祿」的金絲籠裡。

這是人類的悲哀。然而更為悲哀的是，正如鳥兒被囚禁於籠中，有些人被人玩弄於股掌之上仍歡呼雀躍，放聲高歌，甚至於呢喃學語，博人歡心。

人類在功名利祿的包圍中也是自鳴得意，唯我獨

尊。這是多麼地不幸啊！

有一個聰明的年輕人，很想在一切方面都比他身邊的人強，他尤其想成為一名大學問家。可是，許多年過去了，他的其他方面都不錯，學業卻沒有長進。他很苦惱，就去向一個大師求教。

大師說：「我們去登山吧，到山頂你就知道該如何做了。」

山路上有許多晶瑩的小石頭，煞是迷人。每見到他喜歡的石頭，大師就讓他裝進袋子裡背著，很快，他就吃不消了。

「大師，再背，別說到山頂了，恐怕連動也不能動了。」年輕人痛苦地望著大師。

「是呀，那該怎麼辦呢？」大師微微一笑，「該放下！不放下，背著石頭怎麼能登山呢？」

年輕人一愣，忽然心中一亮，向大師道了謝後走了。之後，他一心做學問，進步飛快……

其實，有所得必要有所失，只有學會放棄，學會放下，才有可能登上人生的頂峰。

人生在世，有許多東西是需要不斷放棄的。在仕途中，放棄對權力的追逐，隨遇而安，得到的是寧靜與淡泊；在商業大潮中，放棄對金錢無止境的追逐，得到的是安心和快樂；在春風得意、身邊美女如雲時，放棄對美色的佔有，得到的是家庭的溫馨和美滿……苦苦地挽留夕陽的人是傻子，久久地感傷春光的人是蠢人。什麼也不願放棄的人，往往會失去更珍貴的東西。

也許有時我們只看到放棄時的痛苦，而忘記了那些

如果我們不放棄就會得到的更大的痛苦。懂得放棄才有快樂，背著包袱走路總是很辛苦。能夠放棄是一種超越。

放棄是一種境界，大棄大得，小棄小得。

·∵禪林清音·∵

我們唯有捨棄內心的不良雜質，如貪慾、不滿、固執等，才能解開它們對我們的繫縛，心才得以自由。淨化自己的心，才能找到內心安詳的道路。

國家圖書館出版品預行編目資料

禪林清音・處世篇／范天涯　著
——初版，——臺北市，大展，2013〔民102.11〕
面；21公分，——（心靈雅集；79）
ISBN 978-957-468-982-8（平裝）

224.515　　　　　　　　　　102018354

禪林清音・處世篇

著　　者／范　天　涯
責任編輯／魯　金　良
發 行 人／蔡　森　明
出 版 者／大展出版社有限公司
社　　址／台北市北投區（石牌）致遠一路2段12巷1號
電　　話／(02) 28236031・28236033・28233123
傳　　真／(02) 28272069
郵政劃撥／01669551
網　　址／www.dah-jaan.com.tw
E-mail／service@dah-jaan.com.tw
登 記 證／局版臺業字第2171號
承 印 者／傳興印刷有限公司
裝　　訂／承安裝訂有限公司
排 版 者／千兵企業有限公司
授 權 者／安徽教育出版社
初版1刷／2013年（民102年）11月

定　價／250元

大展好書　好書大展
品嘗好書　冠群可期

大展好書　好書大展

品嘗好書　冠群可期